「みだら」の構造

林秀彦

草思社

「みだら」の構造　目次

はじめに

なにしろ日本の××××が世界一だ、ということを書きたいのである。

そうすれば当然、どうしてそんなことを知っているのか、と反問されるに決まっている。世界中の女とやったことがあるのか、とか……。

どこを探したって日本の女ほど素晴らしい女はいない、少なくともいなかった、と書きたい。すると、なんでそんなに自信があるのか、と問われるだろう。一体何人ぐらいの経験があるんだ、とか……。

ところが、ほとんどないのである。

どうしよう？　やっぱり書くの、やめようか……？

いま私は、遠い異国の丘に暮らし、かつてはあれほどまでに美しかった祖国の女を思い起こし、万感胸に迫り、やむにやまれぬ気持ちでこの本を書こうとしているのだが、それでいながら、いささか錯乱ぎみ、すでに途方に暮れているのだ。書き出す前に自分の手で自分の本を発禁処分にしたいような気持ちさえある。まだうら若い未婚の娘をもつ父親の身としても、こうした本を上梓するということ自体、すでに非常識であり、不道徳であり、なによりも危険なことではあるまいか。

第一、いままで堅いことばかり書いてきた私の本の読者が、どういう反応を起こされるか、空恐ろしい。

だが、やはり書いておかねばならない……。

つい最近、私は足掛け十三年ぶりで帰国し、ある程度ゆっくり祖国の見聞を広める機会をもったのだが、そこでなによりもショックを受けたことは、性という中心点から円周の外輪に向かって渦巻いている日本人男女関係の混乱ぶりだった。それは風俗の乱れなどと呼ぶような生易しいものではなく、いわば伝統的な日本人同士の人間関係の周辺が、すべて破壊されているような印象だった。

簡単に言ってしまえば、若い日本の男性は全員、例外なく、おしなべてヘナチョコ、腰抜け、また一方の若い日本の女性は全員、例外なく、おしなべて居丈高《いたけだか》、躁鬱病患者に見えたのである。

男女関係というのは、何も性関係だけを言うのではない。歴史的大悪法（これも帰国して改めて認識したことだが）男女雇用機会均等法をも含める、広範囲な人間関係のことであり、つきつめれば日本人全体の生き方、生活全般にわたることなのだ。

これは疑う余地もなく××××崩壊、かつては世界に冠たる（最も優れている、という意味）日本の××××の崩壊に端を発している。なんといっても××××が男女関係、人間関係の基礎的要素であることは間違いないからだ。

その意味からも、どうしてもこの本は書かねばならず、とりあえずはこうした長ったらしい「前置き」をも書かねばならない。

日本は確かに神の国ではあるが、それはとりもなおさず××××の国だったという意味であることを、なんとしても書き残さねばならない。日本というクニは、男神イザナギの成り余って出っ張っているところを女神イザナミの成り合わない穴ぼこに刺し塞いだことによって生まれたクニなのである。イザナミは決して男女平等などとフェミニズムを訴えなかったのである。素直に「吾が身は成り成りて、成り合わぬところ一処あり」と素直に応えられたのだ。

そう、やはり書こう。だがそのためにも、イザナギはいきなな神様だったが、私はヤボな人間であることを、とりあえず断わってからでないと、この時代、次へ進めないのである。

つまり私は自分の『ヰタ・セクスアリス』を書く意図など毛頭ないこと、書こうにもその経験も資格もないことなどについてである。

ちなみに（ハナから堅い話になるようで恐縮だが）、森鷗外が明治四十二年（一九〇九年）に前記のタイトルの短編小説を書いたのは、一種のハイブローなジョークだった。私のように切羽つまった憂国の意図ではない。性欲至上主義のような当時の文壇の風潮（自然主義文学）への風刺が執筆の動機だったことは、よく知られている。

「ヰタ・セクスアリス」とはラテン語で性生活の意味だが、果たして鷗外がどれほど私的な性体験をし告白したかは、三人称の小説の形をとっている以上、穿鑿《せんさく》は無意味だ。しかしそれでもなお、鷗外の個人的性体験は、私の千倍はあったようである。彼の作品には吉原の遊郭の経験談もあるし、男色の話も、下谷の芸妓との情事も書かれている。ドイツに〃洋行〃してからは、下宿の女中との関係もある。

ところが私には、そのどれ一つとして経験がない。

こと〃実体験〃としての性に関する限り、私はこれ以上ないほどストイックに人生を過ごしてきた。性は私にとってむやみに〃実行〃するものではなく、大切に仕舞いこんだり、美術品として鑑賞したりする世界に属していた。欲望が強ければ強いほど、その対象は遠ざけねばならないものという感覚で言えば、たぶん、少年時代の愛読書、吉川英治の描く宮本武蔵とお通の関係が、私にとっての男女関係の規範になっていたのかもしれない。

人間の行為行動のすべては時代の影響を受けるものだし、それらを支える価値観や概念も時代がつくる。性も当然その範疇に入る。

だが時代は一人歩きしているわけではなく、なんらかの力が、リモートコントロールのように働いているものだ。性に関してストイックだった私は、その半分以上の原因が個人的な生まれつきの性格であったとしても、後の半分は、やはりあの私の育った少年時代がつくったものにちがいない。

多少筆が逸《そ》れるかもしれないが、私はぜひここで、私が通過してきた時代について、性にからめて書いておきたい。本稿の「みだら」のテーマにとっても、日本人の性文化の推移という意味で、そこに深く関わっていると思うからだ。

日米戦という、有史以来最大の国難を前にしたあの時代は、縄文時代から一万有余年の歴史をもつ日本にとってはごく短い特殊な時間帯ではあったにしても、その力でしかなしえないような独特な文化をつくった時代でもあった。

それらは、うたかたのように儚く消え去った制度的な文化、例えば大政翼賛会といった戦争を支えるための一過性文化の意味ではなく、「一億一心」といった標語が示すような、それまでになかった民族意識を植えつける心理的な文化、今日現在にも深くつながっている日本人のココロ文化なのである。

たぶん人々の多くは、そのときに芽生えた「戦時文化」意識は、敗戦と共に消え去り、どちらかといえば誤った忌まわしい軍国主義的な〝洗脳・マインドコントロール〟だと考えているかもしれないが、そうではないのである。

国運を賭けた、日本にとっては一種の最終戦にあたって、われわれは歴史上はじめて村社会国家から、単一民族国家としての意識を庶民レベルでもち、そのような大きなインパクトなくしては決して思考しえなかったような「日本人の条件」を探る動機をもったのだった。それまでのように、ごく少数の知識層の日本人だけでなく、一般大衆がこれほど自国とか自民族を考えたことは、歴史上一度としてなかったのだ。

われわれ日本人は、それまで、他の先進諸国の人々がもったような自国や自民族に対する試行錯誤や、紆余曲折をともなった自覚・アイデンティティをもったことが、一度としてなかった。そうしたアイデンティティは、残念ながら、他国と戦争することによってしか培えないものだからである。日本はその経験が極端に乏しいのだ。

確かにそこには戦意高揚を主眼とした国家的なリモートコントロールはあった。行き過ぎたナショナリズムもあったかもしれない。だが、戦争というものが日常茶飯だった西欧などでは、そのような〝洗脳〟はむしろ当たり前のことである。ナショナリズムをともなわない自民族のアイデンティティなど、存在しないからである。

例えば、国歌はどこの国歌であろうと、戦意高揚やナショナリズムと不即不離な役目を果たすものだが、フランスの国歌『ラ・マルセイエーズ』をはじめとして、ドイツ国歌、アメリカ国歌などの過激で、絶対的で、唯我独尊的な歌詞に比べると、『君が代』や『海ゆかば』は日本人が歴史上はじめて遭遇する「一億一心文化」にふさわしく、可哀相なほど自制的で、穏和な表現なのである。克明にそれらの歌詞を比較してみれば、誰にでもわかることだ。

一億一心というアイデンティティは、決して後の世代が誤解するように、「悪の戦争」を助長しただけのものではなかった（戦争に善も悪もないことは、言うまでもない）。

そのような理解こそ戦後教育のマインドコントロールによるものであって、当時の一億一心の認識は、二十世紀というナショナリズムが沸騰点に達しはじめた時代の中で、「遅れて来た青年」のような日本人が通過せざるをえなかった必然だったのである。

特にそれが敗戦という、ある意味では〝僥倖〟の結果で終わったことは、不幸は不幸として、それ以前の日清・日露などの戦争では得ることのできなかったポジティヴなプロセスをわれわれにもたらしてくれた。今日でもかくも多くの「日本人論」に類する書物が刊行されているのも、結局はあの時代の「一億一心文化」が変形しつつも脈々と続いている証なのである。つまりわれわれのアイデンティティは、いまだに暗中模索のプロセス、確認までの試練のなかに置かれているということなのだ。

その意味で、「一億一心文化」は形成途上にある進行形文化だとも言えるだろう。

われわれはあの時代、歴史上はじめて、日本の男とはどういうものなのか、日本の女とはどういうものなのかといったことまでを、真剣に模索したのだ。それまでにあった日本人のアイデンティティは、武士とは、町人とは、といったごく限られた階級的な発想や、儒教的な個人の生活規範のようなものだけだったのである。

日本男児と言うときや、大和撫子《やまとなでしこ》と呼ぶときにあるものは、単に人類学的なジャパニーズではない。それは日本人がはじめてもった形而上の日本男女の自己確認だった。

例えば当時流行した『愛国の花』という歌の歌詞は、日本の女性が、古事記以来「おみな」と呼ばれる存在であることを、一般庶民に認識させる力を発揮した。

私の母は、洗濯しながら、掃除しながら、この歌をよく大きな声で歌っていたものである。その姿は、実に美しいものとして、いまでも私の記憶に鮮烈に残っている。無論、私の母は、ごく普通の日本の一般庶民である。その庶民の女が、たとえその歌詞の一部に特定のリモートコントロールがあったにせよ、かくも高らかに自分たち自身の「おみな」を謳歌したことなど、日本には縄文以来、一度としてなかったのである。

いまはなき母を偲ぶ意味でも、その歌詞（福田正夫作）の一部を、書き写す。

ましろき富士のけだかさを　こころのつよい楯として
御国につくす女等《おみなら》は　かがやく御代の山ざくら
地に咲き匂ふ国の花

勇士のあとを雄々しくも　家をば子をば守りゆく
やさしい母やまた妻は　まごころ燃ゆる紅椿

うれしく匂ふ国の花

この歌詞の中には、他にも日本女性の形容として「凜々しさ」とか「ゆかしい」とか「ゆたか」とか「美しく光る」といった言葉がつかわれている。それらは右に描かれた「けだかい」とか「雄々しい」とか「やさしい」とか「まごころ」といった言葉と一体となって、日本女性のイメージをアイデンティティの中に浮き彫りにしていたのだった。それはまさに、私の母の姿に一致していたのである。いま、こうした美しいイメージを自分の母親にもてる幼い日本の子供が、どれほどいるのだろう……？　日本の女性は日本という国の花だったのである。それは「男女平等」などというケチな輸入観念がとても到達できないような、けだかいものだったのだ。例えば当時の映画スターでイメージを鼓舞すれば、あの匂うがごとき美しさを湛《たた》えていた原節子さんの姿などである。

日本女性の××××も、当然それに呼応して、けだかいものだった。

とにかく……、

私にとっての同胞としての女性は、そういう姿をもった女性であり、それは武蔵にとってのお通（八千草薫さん）だったのである。そういう女性との××××は、結婚とその後の理想的な夫婦生活（教育勅語にある「夫婦相和シ」）を前提としてのみ成り立つもので、明治の森鷗外の『ヰタ・セクスアリス』とは完全に時代を画すものだった。

無論、私と同時代の日本人がみな私と同じような考え方をもっていたなどと言うつもりはないが、性は時代の影響を受け、そのあり方が一つの文化の象徴となることだけは、確かなことだと思うのである。

明治の男女は、まだ江戸文化を色濃く残した性を享受し、むしろそれは戦前まで残っていた伝統的な日本の性文化とも言えるものだったのである。

大正から昭和初期にかけてのエロ・グロ・ナンセンスの××××は、日本の性の暗中模索の貴重なプロセスだったのかもしれない。もし日本の歴史があのまま平和裏に進めば、平安王朝×××の伝統を進化させた、究極的な日本××××文化の達成がなされていたかもしれない。それが前述した大戦によって、思わぬ方向へ横滑りしていった。

特に敗戦後は、他動的な圧力も加わり、性を含めた日本の文化が大きく変容し、いまも変容を続けている。あるいは破滅に向かっている。

私が鷗外のみならず、古事記の中に描かれている性、王朝文化の中の絢爛《けんらん》たる好色、さらに近松から為永春水にいたるまでに描かれつづけた日本の性を受け継ぐことはもちろん、真似することもできないのも、この平成という「破滅の時代」が大きく影響しているのである。

書こうにも書けないというのは、作家としての能力の差は言うまでもないことだが、それだけではない。「前置き」として私がここで強調したいことは、そうした性の世界が日本では堂々と書け、しかもポルノとしてではなく、文学として成り立ってきた明治以前という時代は、まことにうらやましい時代だったということなのである。

そして、その時代と現代との間には、日本そのものを抹殺するほどの力をもった大きな分断、破壊が横たわっているということである。

明治までは、まだ世界にも類を見ない日本独特な性文化が、社会にしっかり残っていた。例えば鷗外は、自分の子供たちがこうした作品を読んだときの反応など、まったく気にすることはなかったのだ。当然いま私が書いているような「前置き」など付け足すこともなかったし、読んだ子供たちも、別にそれによって父親の人格を疑うこともなかった。「浮気は男の甲斐性」という言葉が、比喩や冗談ではなく、まっとうな人生哲学として生きていた社会のことである。性が陰鬱なものではなく、朗《ほが》らかなものだった時代のことである。

それは西欧では決して見られなかった現象である。

性にまつわる物語は、過去のヨーロッパにも非常に貧弱に、数少なく存在したが、決して日本のような「価値ある」存在ではなかった。

要するにそれらはポルノと同質の存在で、やっと文学としての仲間入りをしたのは、ローレンスの「チャタレイ」ぐらいからだと言っても過言ではない。それすら日本の伝統的な性の意識の高さに比べれば、児戯にも等しい、程度の低い世界である。ゴリラレベルだった彼らの性が、やっとチンパンジー並みの×××ができるようになった、という程度なのだ。白人の間では、性は卑しむべきものだという伝統がいまだに根強く残っている。後にもっと詳しく書くが、そのため、白人たちの性は幼稚な子供レベルに留まっていると言わざるをえない。

ああ、それに比べ、なんと日本人の×××は、成熟し、爛熟した大人の世界だったことであろうか！

もう一度、出発点に戻って考えてみよう。

なぜ私は、この本を書きはじめる前からすでにオタオタしなければならないのか？

なぜ日本人の性から、胸を張れるような文学性（例えば源氏物語のような）が失われてしまったのか？　なぜ現在の日本人の書くヰタ・セクスアリスは即白人並みのポルノになってしまうのか？

なぜ遊郭とか芸妓は、風俗営業とか売春婦（prostitute）に成り下がり、男色はホモになり、情事は不倫とか、援助交際に様変わりしてしまったのか？　なぜわれわれ日本人の性は、かくも味気のないものに変わり果ててしまっているのか……？

それはわれわれが一つの伝統文化を失ってしまったからである。「みだら」という文化をである。世界中に日本にしかなかった、金銀珊瑚《さんご》よりも、綾錦《あやにしき》よりも、プルトニウムよりも貴重な宝「みだら」を失ったのである。

失った代わりに、それに代わる何か素晴らしいものをわれわれは得たのだろうか？

私の結論、答えは「ノー」である。

日本と日本人は、先の戦争の敗北以来、失うばかりである。いまや最低最悪の状態で、文化も金もスッカラカン、国家滅亡、民族消滅は目の前に迫っている。「みだら」の喪失はその象徴的で典型的な一つの例に過ぎない。性の喪失は男女関係の喪失であり、男女関係の喪失とは人間関係の喪失であり、社会の喪失、国家の喪失、民族の喪失につながるという意味で、象徴的で、典型的なのである。

敗北国家だった日本は、その後まもなく復興したと言われているし、誰もそれを疑っていない。私は疑う。ただ単にしばらくの間お金儲けをした、というだけの話だと信じている。GNPが世界何位になったかとか、焼け落ちたビルが再び建ったなどということだけが、復興ではないのである。国家を立て直す、というのは、そういうことではないのである。

これもついでに書いておくが「立て直す」と「建て直す」は語義が異なる。前者は回復（直して以前のようにする）の意味であり、後者は改築（古い建物を壊して新たに建てる）の意味である。われわれは敗戦後、それまでの日本を壊し、新しい日本を「建て直し」したと信じている。その改築は、平屋を二階建てにしたなどというものではない。土台までブルドーザーを入れて覆し、横穴式住居を竪穴式に改めた以上の改築をしたと信じていたのだ。ところが、その新築の作業は、手抜き工事どころのものではなかった。基礎工事も地鎮祭もない、プレハブよりもっとひ弱な、砂上の楼閣のようなものだった。

われわれはその「建て直し」のために、あと数万年は使えるような古く貴重な建材をも、惜しげもなく捨て去った。そしてそれに代えて新しく使用した材料は、どれも輸入品の、日本の湿度とか、地震とか、四季の変化などにはとても耐ええないような化学的新建材ばかりだった。ちょっとでも火がつけば、猛毒を発散するのである。

真の復興とは、建て直すものではなく「立て直す」ものだったのである。

敗戦後半世紀以上たってから、そんなことに気づいても、もう手遅れなのではあるまいか？

例えば性道徳というものはどの民族にもあり、日本にもあった。

だが、伝統的な日本の性道徳は、他のあらゆる道徳観と同様、西洋のそれとまったく違ったものだった。

ここに詳しく書く枚数の余裕はないが、要点を絞れば、白人たちの道徳は、宗教と一体のものである。ということは、法律感覚とも一体だということでもある。なぜなら一神教のキリスト教やイスラム教といった宗教は、そもそも法律から生まれているからである（山本七平『宗教について』参照）。

そこで彼らの道徳は、すべて教条的な内容になり、善悪の判断に重点が置かれ、感覚の共有というよりも理屈の押しつけの性格が濃くなる。結局は法の条文のように、罰則をともなった「ここまではよい」「こっから先は悪い」といった押しつけとなる。

しかし本来道徳とは、法のような外面的な強制力をともなうものではなく、個人の内面に関わるものである。それが一般的にも普遍性をもったとき、社会的な良識としての道徳観念となるのだ。ということは、道徳とは文化そのものの一つであり、それぞれの民族が置かれた歴史環境や自然環境や社会環境によって、千差万別にあるものだ。日本人が敗戦までもっていた道徳観とは、まさにそういう理想的な（日本の歴史的環境や風土に合ったという意味で）ほぼ完璧な道徳意識だった。

特に強調したいことは、日本人の道徳観が、事の善悪を基準とするより、事の美醜の判断に重点が置かれているものだったということである。

これが西欧的道徳観と決定的に、かつ根本的に違う点だと、私は信じている。

つまり美意識の共有である。××××もその中に入っていた。破廉恥な人間とは、悪い人間というよりも、醜い人間である。だから「破廉恥罪」などという法律など考えつかなかった。醜さは、自然に社会から抹殺された。浮世絵の春画が、西欧のポルノといまでも一線を画すのは、その法的な善悪意識を超える、××××美意識によるものである。

遊女と売春婦の違いもそこにあり、あたかも戦後民主主義の先鋒を担ったような大悪法『売春防止法』（昭和三十一年公布）など生まずにすんだ。日本の遊郭の伝統と、西欧の売春をイッショクタにするほど馬鹿げたことはなく、例えば江戸吉原は、法感覚の悪というよりも人情美の要素のほうが強かった。

いまは亡き畏友・隆慶一郎の書いた小説『吉原御免状』を読めば、日本人の××××の美を含め、遊郭の美しさは納得できるはずだ。

陰毛の存在も「公然猥褻罪」などという法律以前の、審美眼の問題だった。

このヘア解禁ほど、日本人の敗戦後の混乱と愚かしさを象徴的に見せつける出来事も、最近ほかにあるまい。西欧的・法的規制の有無が、伝統的美意識を凌駕し、粉砕してしまったからである。「ここまではいい」という法公認が、「ここまでは美で、ここから先は醜」という個人的な道徳的価値観（美意識）を抹殺してしまったのだ。

そうなると、そもそも法を裏打ちしていた宗教的素地（特にキリスト教の素地）が皆無な日本人は、とめどがなくなってしまうのである。そのため、元のままの伝統にそっていれば美のままだった日本女性の黒い陰毛までが、単に露骨な醜に変身してしまった。猫も杓子も、法が許すんだから、出せ出せ、という具合に、美意識などかなぐり捨て、版元や興業主の金儲けの手段に堕落した。他律（輸入の法）は、自律（伝統の美）を殺すのだ。

こんな悔しいことが、またとあるだろうか。

人間進化の歩みとして、ほぼ理想的に高度な人間性を培っていた日本人は、ケツの穴まで出来の違う白人たちの陰謀を押しつけられ、宝をドブに捨て、彼ら以下の堕落の道を進んでいるのである。

ここまで筆を運び、やっと決心がついて「本文」を書き始める。

まったく情けない話である。

いかに「みだら」の価値が地に落ちてしまっているかの証拠かもしれない。とすれば、日本はもう半分以上、滅ぼされているのだ。×××から美の失われた日本など、黄金の山を積まれても帰りたくない。よしんば自分の実践は、もはや夢のまた夢であっても、である。

いまわれわれを滅ぼしている致命的ウイルスが、敗戦後の「輸入陰謀教育」にあるということは明白である。白人文明が押しつけた洗脳が、われわれのすべてを滅ぼしている。

その一つの例を、日本文明の核だった「みだら」に絞って書いてみる。

日本人は、世界のどの民族と比較してみても、どこからどこまで、隅から隅まで、頭のてっぺんから足のつま先まで違うということ、そしてかつては地球上最も進んだ文明をもっていたということ、だから当然日本人の××××が、世界で一番輝けるものだったということ、つまり、日本の女はまさに「国の花」だったということが、この本で実証されることを祈りながら。

後々まで欲求不満が残らないように、省略した『愛国の花』の二番と四番の歌詞を、書き添えておく。ついでにこの本を母の霊に捧げたい。

老いたる若きもろともに　国難しのぐ冬の梅

かよわい力よく協《あ》わせ　銃後にはげむ凜々しさは
ゆかしく匂ふ国の花

御稜威のしるし菊の花　ゆたかにかをる日の本の
女といへど生命《いのち》がけ　こぞりて咲いて美しく
光りて匂う国の花

（誤解しないでください。まるで大右翼のようですが、私は違うのです。ただ一介の××××好きな一日本人に過ぎないのです）

序章

なぜ、いま日本のみだらを論じるのか

「エッチ」栄えて、「みだら」滅ぶ

遙かに祖国を想うとき、私の胸に燻《くすぶ》るのは、懐かしさではなく、いつも怒りである。いとしさあまって憎さが……、特にそれが国語に関するとき、怒りは絶望をすらうながす。そこで眦《まなじり》を決しつつ書くことになる。

すでに長らく日本では、大の大人が「エッチ」という言葉をつかう。エッチな人とか、エッチをしたとか。なんと、ああ、なんと軽薄な、白痴的な表現だろう。この国籍不明なアルファベットの頭文字の定着は、日本の民族性の破壊と、民族そのものの消滅の決定的な証明なのである。軽佻浮薄の定着であり、伝統の消滅である。

一体これは、なんなのだ?!

この言葉の「響き」に嫌悪する感性を、なぜわれわれは失ってしまったのだろうか?

このことは、他のすべての日本民族の現在のあり方を象徴している。性のあり方は民族のあり方の根本的姿勢であるがゆえに、他のすべての象徴となるのだ。

なぜ「みだら」と言わないのか?

なぜなら「みだら」という表現は重いのである。エッチは軽いのである。敗戦後われわれは、あらゆるものの価値観の重さを避けるようになった。その重さの内包するわれわれ自身の歴史を咀嚼《そしゃく》するだけの力を失い、心身ともに軟弱になり、精神を構築する労を厭《いと》い、内容空虚な軽さに追従するようになった。それは腸カタルや胃カタルと同じ症状である。われわれはココロカタルを起こし、少しでも消化の負担となるような重い食物が喉を通らなくなり、ジャンクフードに飼いならされた。

胃弱な人間は栄養が全身に回らない。重いものを担って歩く体力は当然失われる。あらゆることにすぐ息切れし、少しでもコクのあるものを嚥下《えんか》すると、すぐ嘔吐する。そこでもっと軽いものを求めるようになる。だが、それはよりいっそうの消化機能の衰退を推し進めるという悪循環を起こす。精神も、知性も同じことである。

かくして、日本民族は見るもおぞましく衰退し、衰弱し、かつてわれわれがもっていた旺盛な性欲も失われるに到った。エッチなどという性欲表現で腰が定まるはずもない。ヘナヘナである。

強力な男の突きも、強靭な女の締めもない。当然、生まれてくる子供も軟弱な先天性精神虚弱症、遺伝性ココロカタルな人間ばかりとなる。

上野《かみつけ》の　安蘇《あそ》のま麻群《そむら》　かき抱《むだ》き
寝《ぬ》れど飽かぬを　あどか我《あ》がせむ　　万葉集

（麻の束を抱きかかえて刈りとるように、あなたをしっかり抱いて寝たにもかかわらず、まだ完全な満足を得ていません。この気持ちをどうすればいいのですか）

と、われわれの祖先は古代から絶倫の体力と性欲をもって「みだら」を享受したのである。享受という言葉の意味は、精神的に優れたものを受け入れ、味わい、楽しむことである。だが、われわれはこの言葉の物質的な面の解釈だけを推し進めてきた。それも軽い物質の軽い消費だけである。

突出していた日本人のみだらさ

日本民族は、世界で一番みだらな民族だった。

いまの私にはそれだけの時間も体力も知識もないが、もし「比較セックス学」という新しい学問のジャンルを確立すれば、このことの証明はいくらでもできる。各民族の神話や古典、民俗、伝承文化、民間伝承などを性に限って比較検討すれば、いかに各民族のスケベさの質が違うかは歴然とし、なかでも日本人のみだらさが突出して素晴らしいものだったかわかるはずである。

例えば、それは性に対する禁忌《タブー》の問題にも関連する。

そして、それを調べれば調べるほど、いかにわれわれがそうしたタブーを性に対してもっていなかったかを、驚きとともに知るはずである。タブーとはもともとポリネシア語だった。超自然的な危険な力をもつ事物に対する恐れから、きびしく禁止される事柄である。キリスト教の聖書に見られるように、世界の人々は多分に意図的に、女性のもつ強い性欲、性衝動に対し、この超自然的な恐れを見たのである。意図的という意味は、あとで触れることになるが、一言で言えば物質文明を確立させるという意図である。

しかし、日本は逆だった。女性器のもつ超人的な力（受胎と出産）は呪力でもあったが、それはプラスの呪力で、否定的な要素はどこにもなかった。それは寿《ことほ》ぐべき、豊饒の呪力だった。それゆえ古代の日本の女たちは、その力をもって男たちを従属させ、クニを治めたのである。みだらな女であればあるほど、この呪力の効果は絶大だったにちがいない。

アマテラスも、卑弥呼もそうした女性だった。日本書紀に描かれるアマノウズメも同様で、彼女たちの××××は他の女性よりひときわ高度な力をもつ絶対神の資格であった。

神社の鳥居も××××の象徴であるとする学説も力強いし、豊饒の象徴としての男根信仰もある一方、魔除けとしての女陰信仰の痕跡は、いまだに日本全土に数多く残っているのである。

そうした性に対する根本的な観念の違いは、古代日本で女性が男性に保護されるのではなく、男性を保護する立場に立つという社会制度の違いにまで関連したのである。この風潮は源頼朝に対する北条政子の時代にまで潜在的に続いたのだった。女性の男性下位という一種のタブー思想は、明治十九年（一八八六年）に発布されたいわゆる「学校令」、特にそのなかで強調された〝国体観念を基礎とする徳育〟によって指導されたものだった。

長いこと日本では、女性のもつ霊力は神通力などと呼ばれた一般的な通念だったが、それは女性独特の知性を意味し、直観力を意味し、古代の神々の資格だった。そしてそれらの力を発揮する具体的な形は、女神の裸踊りなどに現われるような、みだらの形においてだったのである。決してエッチな形ではないのだ。

文明開化で歪んだ日本の性意識

一言だけ、それに対比される西欧の性のあり方の象徴的な例を書いておく。

御存知のようにキリスト教は禁欲を理想とし、アダムとイヴの話を根拠にした女性罪悪視によって「性タブー」神話を強調したのだが、それでもキリスト教最初の千年ほどは早婚の歴史だった。ジャック・ソレという人の書いた『性愛の社会史』によると、当時の西欧の娘は十七歳以前には結婚していた。ところがそれから三世紀も過ぎた頃になると、男も女も三十歳くらいまで結婚しないという、驚くべき変化が起きたのだ。なぜかというと、晩婚によって抑えられる性の欲望は、強い抑圧となり、他のはけ口を求めて噴出するというエネルギーに転化されることがわかったからである。

その人工的に抑圧されてつくられるエネルギーは、彼らに創造性と攻撃性をもたらした。

この二つの力は、彼らにとって不可欠なもので、あればあるほど社会に役立つものだった。すなわち、間断なく起こる他民族との戦争に勝つ力と、物質文明を培う力、という意味である。そこで、教会が晩婚と禁欲をいっそう奨励することになったのだ。

社会的進歩と称されるものは、白人たちにとっては執念のような価値観なのである。

十八世紀に入ると、晩婚による性抑圧が生み出す性欲《リビドー》は純然たる「エネルギー」としてとらえられ、これは文化的にも経済的にも有利であるという思想が全ヨーロッパに広まり、定着したのである。『人口論』などを書いた当時の有名なイギリスの経済学者、トーマス・マルサスは、未開で原始的な性生活に比べ、晩婚の歴史をもつ西欧は進歩的であると断じた。

しかしこのような〝不自然〟な性が、一方において人間性を破壊しないわけはないのである。抑圧された性は、淫靡《いんび》で、猥雑《わいざつ》で（猥褻《わいせつ》ですらなく）、ヒステリックなものになっていった。禁欲の徳が教会でさかんに宣伝されていた十六世紀から十八世紀のヨーロッパは、金持ちや貴族階級のみが性の悪徳に身を任せる結果になった。いずこの宮廷も広壮絢爛《けんらん》たる淫売宿と同じになり、乱交や好色クラブや、倒錯したセックスに明け暮れ、彼らはその生活にわれわれを忘れ、恬《てん》として恥じるところを知らなかったのである。

西洋物質文明は、そのような下敷きの上に描かれた。

こうした日本民族とはまったく相反した性概念とそのタブー思想は、明治の文明開化とともに日本に上陸した。

奇妙なタブー、日本人の肌にまったく合わない外来思想のタブーが、それとも意識されずに、急激に増えてしまったのである。

特にセックスについてのタブーは、完全に「文明開化」の残した鬼子だった。昔の日本、つまり本来の大和民族の性に対する概念は、もっともっと自由で、奔放だった。日本の神々は、ひねもす四文字単語を連発しながら存在していた。

確かに日本も歴史的に見て、いくばくかの性概念の変遷はある。それらは主に儒教的発想の影響なのだが、よくよく考えてみると、それは都会生活者や武家社会といった、ごく限られた世界への影響で、地方の農村（つまり日本のマジョリティ）に根本的な変化を生ましめるような大きな力ではなかったのである。

江戸時代の後期になって、幕府の風紀紊乱《びんらん》に対する「お咎《とが》め」もいくつかあるにはあった。しかし、それらを後世のわれわれが西洋カブレの概念で「弾圧」とか「弾劾」と呼ぶのは、いささか大袈裟である。やはりあれは「お咎め」であり、あくまで幕府政治の破綻を糊塗《こと》し、大衆の目をそらせるためのポリティクスだったに過ぎない。確固とした倫理観、宗教観、法概念などがあっての上ではない。ましてや十八世紀までの西欧のような、進歩思想や、経済的な発想があったわけでもないのである。江戸の画家や作家や版元《はんもと》はワリを食ったが、庶民にとっては浮世絵が減っても、人情本が減っても、伝統的なスケベ精神はいささかも衰えず、色町の盛況も衰えず、水子の数が減ったわけでもなかった。

庶民の罪のない猥談は明るい笑いを巷《ちまた》に誘い、立川談志師匠が得意とするような艶笑《えんしょう》落語は江戸の花であり、川柳などの「ばれ句」も盛んであり、御法度になった後でも参勤交代に来る大名や家来の江戸土産のトップ商品は、あいかわらず枕絵だった。

明治までの日本人は、実にたくましかった。男も女も立派だった。どんな賞賛にも値する天晴れさに素晴らしさ、感嘆措《お》くあたわざる民族だった。世界中の人間の垂涎《すいぜん》の的にもなる男一匹であり、女丈夫だった。国粋原理主義的な意味ではない。日本のみだらと×××についてのことを言っている。

日本人のアイデンティティは、大昔から日本語と×××だったのである。

アカデミックな定義は別として、われわれ日本人は単一民族である。

どこに行っても同じような顔をし、同じ人情をもち、多少の方言の差はあっても、少なくとも

「情交」の交換には不自由をしない共通言語をもち、共通の「春情」をもっていた。

それが日本独特な「みだら」を培った。

そのなかでももっとも強力なインパクトをもった共通性は、日本女性のもつ黒髪だった。茶髪でもなく、金髪でもなく、ブルネットでもない。彼女たちの「緑なす黒髪」はわれわれ大和民族のアイデンティティでもあり、誇りでもあり、絶対的な美でもあった。当然、陰毛も艶《つや》やかな黒であった。

世界のあり方、世界の男女のあり方を知れば、これらのことがどれほど恵まれた仕合せなことか、腰を抜かすほど驚いても不思議ではない。

単一民族は比較する対象が日常生活に少ないので、世界観的なアイデンティティがとりにくいし、事実われわれは長いことそれに対して無関心で過ごしてきた。民族的な短所も見つけにくい一方、多くの長所も見過ごしてきている。日本人と×××の関係など、その典型だった。

われわれ日本人は、なんといっても、みな卑弥呼の子供たちなのである。

ヤオヨロズの神々の国の民である。

世界史にもまったく例がないこの脈々たる独自の歴史を単一民族としておくってきた秘密は、日本の女たちがもっていた稀有な（つまり神がかったほどに強い）生命力と、その豊かで強烈な×××の力だったのである。

愛をめぐる根本的な誤解

書きたいことの核心は、この一点にある。

だから、多少くどいが、前もってこの本の結論を繰り返しておく。日本人のアイデンティティ（自分の主体性の断固としたよりどころと、同民族としての特徴的な同一性）は日本語と××××であり、この二つはまったく同じ、一つのものなのである。日本民族は世界で唯一無二の××××民族であり、縄文から数えても一万有余年、ただひたすら××××に生き、××××に死んでいったのだ。

それはいかにわれわれが平和で、豊かで、寛容の精神に富み、人情に厚く、繊細なココロをもち、無欲で、優しく、輝くばかりの生命力をもった太陽の子供たちだったかの尊い証拠となるものなのである。

平塚らいてうが『青鞜《せいとう》』において、「元始、女性は太陽だった」と言ったのは、決して単なる言葉の綾《あや》ではなかった。ただしそれは日本女性だけのことで、コーカシアンの女性たちのことではない。いかに日本女性の××××が太陽の恵みや、その生産力に匹敵するほどに豊饒であったか、立証するだけで本の頁は終わってしまうだろう。高群逸枝《たかむれいつえ》の本には、それらの素晴らしい実証が山ほど書かれている（例えば『女性の歴史』）。

その女性に鼓舞され、誘発され、日本の男もまた世界に類を見ない豊饒な性欲とその発散者となったのである。他のいかなる民族が、これほどに×××を享受し、堪能できたというのだろう。現在、曲がりなりにも文明国、先進国と称されている国々の民族、日本を除く洋の東西を問わぬ彼らの×××は、常に血塗られた陰鬱なものだった。

特に近代文明の創始者であるコーカシアン、白人たちにとって、×××は私有財産を確保する一要素に過ぎなかった。マルクス・エンゲルスふうに言えば「生活資料の生産」が主要目的で、そこにある本来の「生命の生産」はその下目に置かれた。畢竟《ひっきょう》女性は、私有財産を相続させるべき嫡子の生産だけが課せられた役目となり、女性そのものが男性の財産の一部とみなされるようになったのである。結婚制度とは、経済システムのことだった。

父権が完全に確立された古代ギリシャでは、妻は「女の部屋」にほとんど幽閉同然の生活を強いられ、客の接待も許されなかった。財産権はまったくなく、夫は妻と自由に離婚することができたが、妻にはその権利もなかった。男たちのセックスの快楽は、結婚制度と時を一つにして生まれた娼婦制度によってのみ得るものであって、歴史の中にも有名な娼婦の名前は残っていても、教育をまったく与えられなかった妻の名で残ったのは、ソクラテスの悪妻としてのクサンティープだけだった。

雄弁家として有名なデモステネスは、誇らかにもこう述べた。

「われわれ夫たるものは、世継ぎと家のために一人の妻をもつ。日常の世話と雑用のためには女中をもつ。そして、セックスと愛のために娼婦をもつ」

この発想は、二十一世紀目前の今も、白人の男たちの潜在意識の中に根深く残っているのである。

十字軍当時のあの無粋でグロテスクな貞操帯の発想は、それ以外のなにものからも生まれていない。われわれが誤解するように、戦場の夫の嫉妬や妻を寝とられる精神的（つまり愛情的）心配ゆえでは、基本的にはなかったのだ。なぜなら、従軍した主だった武将たちは、みな、土地をもった領主たちだった。彼らの心配は、妻の貞操というどちらかといえば形而上の問題に対してではなく、生まれてきた他人の子供に土地を奪われることが第一だったのである。

××××は当然、愛の問題とかかわる。

われわれは明治以来の西洋崇拝の悪習から、つまり当時の啓蒙家や翻訳家たちの、無知と、誤解と、意図的な自国蔑視の上意下達的な思想によって、実に膨大な彼らの〝悪しき正体〟を知らずに過ごしてきた。そのためわれわれは、西洋の美化された虚偽を洗脳的に信じこんできているのだが、この愛の問題にしても、今われわれがハリウッドの映画で見るようなラブの概念を白人たちがもったのは、ごく最近のことであり、それすらわれわれが憧れるような実体をもっているわけでは決してないのである。

なにごとでも、ことさら強調される事柄は、それが本来ないものだからであることが多い。もしごく当たり前にあるものならば、それをとりたてて強調し、美化することもないし、奨励することもないからである。白人たちにとっての愛も、それが本来彼らにないものだからこそ、強調され、意識された。彼らにとってもそれは夢であり、憧れだったのだ。自分たちの獣性をなんとか払拭するために、中世になって、騎士たちの愛の概念が、ことさら賛美されるようになったのである。

アノミー化した日本人の性

再び、エッチという堕落しきった祖国日本に目を戻す。

セックスレスカップルと称される若者が、統計の上で急増しているそうだ。必然的に日本の少子化問題が深刻になってきている。これほど具体的で、歴然たる亡国現象も他にない。

ところで話が前後するが、私は今回帰国するまで、「アノミー」という言葉が日本で広くつかわれていることを知らなかった。美しい伝統的な日本語がどんどん失われる一方、怪しげな横文字が半解のままつかわれ、そのまま定着していく。

だが、この言葉が現在の日本で流行するのには必然性があるようだ。

アノミーとは「人々の日々の行動を秩序づける共通の価値・道徳が失われて無規範と混乱が支

配的になった社会の状態」(広辞苑)ということで、フランスの社会学者デュルケムが著書でつかった用語である。なるほど今の日本にこれほどピッタリな表現もなく、一般の人口に膾炙《かいしゃ》するのもうなずける。

だが、ではなぜ日本がかくもアノミーな状態に陥ったかについては、あまり明解な解釈はなされていないようだ。むろん教育の荒廃がその根本にあることは間違いないが、かくも決定的に日本社会をアノミーが覆いつくしてしまっている事態を、ただ単に日教組的教育にその罪のすべてをなすりつけるには、事が大きすぎる。なにしろ日本人の性まで「アノミー××××」になっているからだ。

前記の「はじめに」の中にも書いたが、日本人の基本的な道徳観の基礎は、明治の生半可な文明開化の流れの中で、伝統的な「美醜」の価値観から、不慣れな法の感覚やキリスト教的な「善悪」の価値・秩序に急激に切り替えられた。後述するが、例えば「恋愛」などというそれまでの日本にはなかった真新しい価値観と道徳観が、雲霞《うんか》のごとく、あるいは怒濤のごとく、日本に流れこんだ。今あるわれわれのアノミーも、その延長線上の生活規範の混乱に根があるのではないだろうか。

敗戦後のアメリカ式価値観は、その混乱にいっそう輪をかけた二重の大混沌《カオス》を日本人に与えているにちがいない。

つまり、簡単に言えば、日本人は明治以来、日々刻々、日本人らしさを失っている——、そうとしか思えないのである。

日本アノミーの根本原因は、伝統とはあまりにも格差のある他律的な規範を、せっかちに、また無批判に鵜呑みにすることによって生じている、と私には信じられる。それも短期間に膨大な量と数を鵜呑みにした結果である。

価値観とか秩序というものは、その土地土地によってあふれ出てくる温泉の水質や含有成分が違うように、最も土着的要素の濃いもので、天然物、自然物にも近い。あるいは特定の植物に対する特定の肥料にも似ている。アメリカ製の化学肥料を日本の竹藪にまいたからといって、うまい筍《たけのこ》が生えるわけではない。

また、秩序とか道徳というものは、泥棒が増えるからオマワリが増えるみたいなもので、経済の「需要と供給の原理」と似ている。明治以降の日本は、西欧文明諸国に対する強い劣等感から、体質にまったく合わないあちら様の価値観とか、需要もない道徳観を輸入しまくったのである。だが、必要もないのに外来の観念を輸入するだけでつくられる秩序や道徳など、たった一人の泥棒のために千人のオマワリを揃えるようなもので、結果的にはアノミー状態をつくってしまうのだ。

なかでも性に対する観念、すなわち日本の伝統的な「みだら×××」に対し、当時の啓蒙家（特に小説家などの文芸啓蒙家たち）はまったく理に合わない劣等感をもった。そのため、多くの不必要な西欧カブレした性道徳や性秩序を導入したのである。

生活の根本にかかわり、民族性と最も密着した風俗、習慣などは、憲法を導入したり、法を設定するようなことで、改められるものではない。特に、性を変容させようとするそうした輸入概念は、人々に根本的な混乱をもたらし、結果的には、さらなる無秩序な状態を生み出すものだったのである。

白人文明が、われわれをアノミーに落とした。

それ以外の説明はない。

価値観・道徳に対する日本人のアノミーは、特にそれが顕著である。

例えば、一神教のような厳しい神の掟（宗教としての法）は、それがなくては人間らしい生活ができないほどの大悪人がウヨウヨいる社会の中でのみ価値があり、それによって彼ら白人社会の中では、やっと秩序も保たれる。お人よしでノーテンキな人間が絶対多数のような日本人にとっての伝統的な「人の道」みたいな宗教意識（即身成仏のような）は、彼ら白人にとっては、癌患者に風邪薬を与えるほどの効果もない。

逆に言えば、西洋的な価値観と秩序は、敗戦後のアメリカ式民主主義を含め、日本人にとっては風邪をひいた人間に、癌のコバルト投射治療を与えているような、過剰処置による逆効果と災難をもたらすものなのである。

十三年ぶりに帰国し、私はその考えをますます強くした。

座布団の上の『青い山脈』

さらに話を転換させてみる。

日本人をアノミー×××に追いやる過剰処方は、日々の情報の中にある。

情報化時代だという。情報が氾濫し、その中に人間が溺れ、埋没しているという。

だが、そんなことを言っているのは日本人だけだ。例えば私の住むここオーストラリアでは、情報など数キロ離れた場所で飛ぶ蠅の羽音ほどの力もなく、彼らのもつ価値観や秩序など古色蒼然、中世のそれとほとんど変わっていないのではないかとさえ思えるほどである。


これはヨーロッパに住んでみても、同じ印象を受ける。イギリスも、フランスも、ドイツも、ニュース情報はニュース情報として、日常生活を左右するほどの価値観などともなってはいない。だから彼らはいつまでたってもイギリス人らしいし、フランス人らしいし、ドイツ人らしい。「らしさ」とは、結局アイデンティティの表象である。彼らは未来永劫不変のような「らしさ」をもっている。だから当然、良し悪しは別として、彼らの×××もアノミーなどにはなっていない。百年前と同じ×××にいそしんでいる。表沙汰としては、女性の地位が上がり、男女平等がいきわたり、性の解放があるとされているが、それこそ「情報」であって、現実の日常生活では、古代ギリシャ人のセックスもハリウッドのスターたちのセックスも、さほどの変わりはない。アクメは依然としてギリシャ語のままである。

ところが日本人はアクメと同時にエクスタシーも、オルガズムも、クライマックスも、絶頂感も、いくいくも、くるくるも、ヴァギナも、女陰も、ペニスも、魔羅も、そのほか世界中の言葉という言葉、情報という情報をかき集めて×××をしようと焦っている。

そのうえ、

「大きくなったモノを見るや、目を輝かせて上にまたがり、腰を激しく動かして、アッという間にアクメっちゃっておりました……」（夕刊フジ）

などという、奇妙キテレツな日本語までつくってアノミーへと突っ走るのである。

こうした性から政治までの「日本アノミー情報」の現実は、テレビ番組の内容の軽佻浮薄な雑多性の多寡や、週刊誌のたぐいのタブロイド雑誌の多寡、本屋に並べられた単行本の種類の多寡、デパートの世界各国からの輸入贅沢品の多寡、子供たちが勉強する教科書の無規範な不統一の多寡、食生活の雑食性の多寡（ある意味では世界中の食品についての情報入手と摂取による食生活の豊かさ）、政権交代の頻度の多寡、一過性でめまぐるしい流行の変遷の多寡、などなど、あらゆる面の彼我の多寡の差となって現われている。

ドイツ人であろうと、フランス人であろうと、アメリカ人であろうと、彼らの食べているものは百年一日ほとんど同じだし、道徳観など二千年前のキリスト様の教えのまんまである。ゆえに彼らの「らしさ」も、不変なのだ。

ところが、日本人の「日本人らしさ」は情報しだい、中国人らしくなってみたり、アメリカ人らしくなってみたり、時には宇宙人らしくなったりする。

情報など他人の意見と同じようなものだから、個人的に考えてみてもわかる。他人の意見や忠告は、一つや二つならば聞くこともできるが、千人が一緒になって耳元でやかましくそれぞれの論をまくしたてられては、聞こうにも聞けず、混乱を起こすばかりだろう。そうなると、もう情報過多などという生易しいものではなく、何万ヘルツという高音を耳に圧せられる拷問にも等しく、人は発狂する。アノミーとは、この発狂状態である。

例えば×××を中心にした男女関係一つにしても、われわれは世界中の情報の中で溺れている。カーマストーラの翻訳からはじまって、ヴァン・デ・ヴェルデの『完全なる結婚』やキンゼイ報告を通過し、『性生活の知恵』から今日のコンピュータのポルノ・ホームページに到るまでのすべての情報を、自前の平安時代の『医心方《いしんほう》』や貝原益軒の『養生訓』などといっしょくたにして、ベッドにもちこんでいるのである。

ということは、男女それぞれがそれぞれの違う情報に左右され、慢性的なフラストレーションの虜となることでもあるのだ。フランス製「スワサント・ヌフ」と、和製「九浅一深」を混ぜあわせ、さらにサド侯爵と弓削道鏡を合体させている。一方にケヴィン・コスナーを男の鑑《かがみ》と見る女がいるかと思えば、私のように軍国の「おみな」を日本女性の鑑とする男もいる。朝シャンに憂き身をやつす日本男児がいる一方、茶髪ガングロのギャルに到るまで、十把ひとからげ、立派な価値観の一つに組みこまれている。

これでアノミーにならなければ、ならない神経のほうが異常である。

話が飛ぶようだが、最近見た映画の話を書いておきたい。

東京の友人から昭和二十四年（一九四九年）に制作された『青い山脈』（監督・今井正）のビデオを送ってもらった。一見し、驚いた。そして感動した。何に驚き、感動したかというと、この映画が「日本らしい」映画だったからである。どこにもアノミーがないのである。

昭和二十四年といえば、まだ敗戦の爪痕も生々しい大混乱の時代である。私は中学三年生、第三次吉田内閣、国鉄総裁怪死の「下山事件」、無人電車暴走の「三鷹事件」、東北本線列車転覆の「松川事件」など、日本の〝黒い霧〟が立ちこめていた時代である。ついでに記すと、この映画の原作者でもある石坂洋次郎は、この年『石中先生行状記』という自著によって警視庁から「猥褻文書」として押収処分を受けている。

ああ、時代よ！　と叫びたいような年なのだ。

当時中学生でこの映画を見たうろ覚えの「うろ感動」の正体を、どうしても確かめたかったので、探しに探し、やっと手に入れてもらった『青い山脈』は、その感動が正真正銘の本物であったことで、腰を抜かすほどのショックを私に与えた。それはその時代をまったく知らない二十歳も年の若い私の女房までをも感動させるものだった。

「なんだ、この頃はまだ日本、大丈夫だったんじゃないの！」

という女房の感銘の感想は、二重のショックでもあった。なぜなら、私も誤解していたのだ。今日のこの日本のアノミーが、敗戦と同時に定着したものだと思いこんでいたのである。ところが、この映画から理解する限り、日本の「滅亡への道」は、むしろもっとずっと時間がたってから、もっと無数の、もっと複雑な、もっと手のこんだ「リモートコントロール」によって根を生やし、周囲にはびこっていったものだったのである。

たぶん、この昭和二十四年こそ、日本アノミー萌芽の年だったのだろう。

それは例えばこの年に、戦没学生の手記を集めた『きけわだつみのこえ』が出版され、日本人に大きな共感を呼んだということにも象徴される。ただし、その共感は、単にその痛々しさと犠牲への追悼で共感を与えたのではなく、リモートコントロールされた宣伝と、そのマインドコントロールによって、人々に後遺症（すなわちアノミー）をともなう影響を与えたのだ。それはこの本の次の宣伝文句にも現われる。

「『すべては悲劇でした。しかし見ていてご覧……。やがて私達の時代が来る』。これらの押しつめられ殺されていった若いすぐれた魂の無残な記録は、現在の日本国民はもとより全世界の人類の深く味読し反省しなければならないところである」

こうしたキャプションの言葉こそが、その後の日本にアノミーを定着させてしまった元凶の代表なのである。一体ここで言う「私達の時代」とはどういう時代なのか、「押しつめられ殺された」とはどういう判断基準によるのかなど、一切説明されていない。単なるムードとしての独断的表現であり、それまでの伝統的な民族的価値観を歪めていく情報操作に過ぎなかったのである。

しかし、この『青い山脈』には、なんの付帯される「思想誘導」もないのである。あるのは伝統的な日本と日本人の姿だけだ。

一万年以上も続いた日本の伝統が、そう一朝一夕で消え去るはずはないと信じていた私の考えを、裏付けてあまりあるほど、この映画がつくられるまでの日本は、まだ伝統のままの日本だった。

無論そのストーリーは、戦後日本が舞台であり、むしろそれがテーマであり、「民主化」という言葉は何回となく台詞となって現われる。この映画の主題歌だった同名の歌の歌詞にも「古い上着よ、さようなら」という一節があるように、いわゆる軍国日本、封建社会日本との決別が、全篇を通じた主題なのだ。

にもかかわらず、そこに現われる実体は、不思議なほどに、脈々と続いた日本の歴史の中の、伝統的な日本人たちである。それはこの作品を、映画として見るのではなく、そのロケーションに現われる風景や、店先に置かれた品物や、客との応対の物腰、言葉遣いや、ごく当たり前でことさら台詞として付言することもない言外の人間同士に通い合う通念や、日本人としての基本的な良識や常識などを、むしろドキュメンタリーを見るようなつもりで鑑賞したとき、いっそう明らかになるのである。

またそれは、池部良、原節子、杉葉子、木暮実千代などの登場人物たちを、役者以前の一人一人の日本人として見たときにも、目から鱗が落ちるように理解できることでもある。つまり演技以前の彼らが表わす、表情、立ち居振舞い、言葉にこもるこまかな感情、瞬間的なきわめて自然な反応などが、総合された「作品」とは別に、その時代の日本人の真実を見せてくれるのである。

「こういう日本を見ていると、なんだかホッとするわね」

という女房の感想は、この映画の中に現われる一切合財が、誰一人として疑問をもったり、異議をさしはさんだりすることのない、共通の座布団の上に乗っかっているような雰囲気のことなのである。当時まではどこの家にもあった、ごく見なれた、だから改めて見なおすこともないような、安心感のカタマリのような座布団である。目に見えるもの、聞こえてくる言葉、流れているココロが、完璧に「日本らしい」のだ。

この物語では二つの恋が描かれる。両方とも、日本人の昔ながらの恋である。作者は新しい「民主化」された恋を描いているつもりでも、それは単に表現が多少変わっただけで、底に流れている男女の心は、万葉集にも出てくるような日本人同士の恋である。

セーラー服姿の女学生を演じた杉葉子さんなど、いま見てもふるいつきたくなるような魅力をもっているが、役としての彼女は、感情が高ぶるに任せてボーイフレンドの池部良さんに「好きなんです」という言葉を三度も続けて言う。男のほうもラストシーンで、海に向かって両手を広げ「新子さんが好きだ、好きだ、好きだ！」と大声で叫ぶ。

当時はこのシーンをもって、戦後の自由な、明るい、民主的な男女の恋愛像と見立てたわけだが、なんのことはない、そんなのは万葉集や古今和歌集の恋歌、返歌の中に腐るほど出てくる表現であり、感情なのである。ということはこの映画は、歴史的日本人のアイデンティティの確認であり、いかにその時代にはまだ、日本がアノミーに侵されていなかったかの証明でもあるのだ。この映画には一秒とてベッドシーンもファックシーンも、キスシーンすら描かれない。だが、なんとこうした男女の瑞々しく、色っぽいことだろう。

はちきれるような日本人の×××性が、どこからともなく匂い、漂うのである。

一体この日本人たちは、どこへ行ってしまったのだろう？

この座布団日本は、なぜ、どのように、いつ、消えてしまったのだろう？

少なくとも、この映画を見てはっきりわかったことが一つある。

それは、なんといっても、アノミーから身を守る根本は「言葉」だということだ。

言葉こそ（われわれにとっては日本語であることは言うまでもないが）、その民族の安心の座布団の正体なのである。言葉から、共通の概念、通念、お互いの確認、同等同質の了解が消え失せたとき、その民族はアイデンティティを失い、アノミーに落ちこむのである。

逆に言えば、例えば男女の「好きよ」という一言に、ばらばらではなく、純粋な「意味の核《コア》」のようなものが共有され、完全な自足性をもっていることが、民族としてもっとも大切なことだ、ということである。

一言一言に万感がこもり、それが共有される——、そういう言葉がいま失われている。「好き」

という一言に、どれほどの力がいま残っているか？　ほとんど残っていないのだ。

この映画がつくられたときには、まだそれがあったからこそ、二人の男女がこの言葉を言い合うとき、あれほどの感動が生まれたのだ。

そうしたことこそ、民族の（つまりはその民族が共有する社会の）秩序の根本であり、規範であり、道徳であり、特有で不動の価値観となるものなのである。

エッチの国語化は亡国の証

別のサイドから、もう一度この問題を洗いなおしてみる。

セックスレスカップルなどという日本の亡国現象の根本が、以上に見た国語の衰退と深く関連しているという視点からの追求である。

日本語には特にその特性が強いが、いずれの言語でもジェンダー・アイデンティティ（性役割の自己確認）は重要な問題である。当然セックスに関係する。

それは単に、男言葉、女言葉だけの問題ではない。男だから発せられる言葉、女だからこそ言える言葉という、言葉にこめられる内容、心のことである。

そうした伝統的な言語体系が崩れると、五感が失われる。

肉体は言語が五感と共鳴し、感覚的な統一をつくり、はじめて活性化される。嗅覚とか触覚は、言葉と関係なく独自に存在していると思うかもしれないが、違う。例えば××××の芳香を表現する言葉と、その言葉にこめられた意識と感覚がない限り、それはただの悪臭と変わりなくなる。生々しい感覚とは、とりもなおさず、生々しい言葉なのである。いくつその言葉を知っているかで、それぞれの女のそれぞれの××××が、別の豊かさを与えてくれる。

英語にはジワジワするとか、ムズムズする、というのと同じ適当な言葉がない。そんな貧しい言葉しかつかえない人間は、死ぬまで〝ムズムズする匂い〟を知ることができないということになる。英語をはじめとする横文字には擬情語、擬態語が、極端に乏しいのである。

言葉とは体験の集積としての感覚である。豊かな体験は豊かな言葉を培わせる。

皮膚が内と外を交流させる器官であるのと同じように、言葉は体験を下地にした精神と肉体を交流させるメディアなのだ。男は男としての体験、女は女としての体験が豊かであってこそ、はじめて男になれるし、女になれる。言葉はその体験を具体化するものだ。

例えば、日本のSM小説などの常套の台詞として、アクメを予感した女性が、その羞恥を隠しながら、

「ヘンになりそうです……、おやめになって……」

というのがあるが、これを英語で言うように、

「ストレンジ、ストップ!」と言ったり、女が男言葉で「おい、変になるだろ、やめろよ」とか言えば、みだらの陶酔は、片鱗だに存在しなくなるのである。こうした差が希薄だということは、

それだけ男である特性、女である特性が希薄だということになり、そこから生じる感覚も希薄になる。つまり、みだらの度合いが、ずっと減るということである。

京都大学の名誉教授、大島清さんは、次のようなことを書かれている（『イミダス』一九九九年度版）。

テレビやコンピュータなどのヴァーチャル・リアリティ（幻視体験）は、視覚が主で、僅かに聴覚が援用されるが、触覚や嗅覚はゼロである。視覚教育のみで育った人間はフェティシズム（拝物愛）人間となる。そのような人間は破壊的で、攻撃的な人間となる。人間の進化には五感が不可欠なのだ。

視覚、嗅覚、味覚、触覚、聴覚が情報を大脳連合野に送り、統合され、脳の働きとなる。視覚だけの肉体は仮面の肉体と同じである。二十世紀の文明は、肉体的なエネルギーを切り捨ててきた。そのため人間は〝生きる躍動〟を失ってしまった。

一つの言葉が出たとき、そこに匂いが漂い、音も響き、風景が染み出てこそ、真の人間の言葉となる。言語能力の喪失は、フェロモンの喪失にもつながる。ホルモンは自己の中に働きかけ、フェロモンは他者へ働きかける。女性の脇の下からもフェロモンは分泌される。二十一世紀の人間が生き残るためには、生存の最も根源的で本能的な部分を支配する大脳辺縁系（動物脳）と、その活性の影響を深く受ける前頭葉の働きが鍵となり、人間存亡の行方は、そこから分泌されるフェロモンの量の多さが、心と肉体をつなぐことができるかどうかにかかっている。フェロモンが出なくなると、人間はおしまいである。

この発言は、空恐ろしくなるほどに貴重である。

再び、こだわる。

エッチが国語化したのである。私がこの本を書くのは、それに対する怒りによって支えられている。日本の衰退に対する怒りである。明治維新以来の中途半端なまま棚上げされた文明開化に対する怒りでもある。

われわれは西洋近代文明の美名の下に、とんでもない数々の邪悪な思想をも、中途半端なまま受け入れた。敗戦後にはアメリカから、さらにそれに輪をかけたような「考え方」を押しつけられた。それらは間違ってはいなくとも、われわれ日本人には「合わない」ものが多い。そのため、さまざまな貴重なものを、日本から失わしめてしまった。美しいものが消え去ってしまった。それだけならまだいい。問題は、醜いものが生まれ、定着しつつある現実である。みだらが消失し、エッチが定着したのだ。

人間の行為として、一生のうちで特定の意識をもって最も頻繁に行なうものは、たぶん食事の行為だろう。その次はセックスかもしれない。

本能を最も人間らしい行為に昇華させるのは、文化の力である。となれば、セックスは食文化と同じように、当然文化の一つになり、しかもそれが、独自の民族性を反映するのも当然なのだ。

しかし単一民族の宿命で、われわれは比較する習慣が薄い。

あらゆる考えは、比較することから生まれると、私は信じているのだが、その意味で日本人は考えることが非常に不得意なのだ。あまりにもナイーブに、あまりにも素直に、あまりにも無定見に、与えられたものを受け入れ、その代償として、過去を捨て去る。比較のないところに独自の価値観は存在できない。

日本の性文化は、そのようななかで、いま完全に消滅しようとしている。

第1章

みだらな日本人

みだらの命は言葉の響き

日本人のみだらさは、世界にその類型を見ない、素晴らしい高度の文化である。ということを強調するためには、どうしても「みだら」の語義を鮮明にしておかなければならない。

しかし私はなるべくアカデミック（学究的）になりたくないし、ペダンティック（もの知り顔、衒学的）にもなりたくない。もっとも、そもそも浅学菲才の身、なりたくてもなれない。またそういう本はゴマンと出版されているので、本屋さんを探していただくことにして、私はもっぱらわが臥所《ふしど》から発する感覚論でいかせていただく。私にとっては、言葉のもつ歴史の細密さや、語源の探求よりも、「語感」が問題なのだ。

語感とは、読んで字のごとく言葉の与える感じのことであり、言葉のもっている「響き」である。

日本のみだらは、まさしく響きなのであり、ニュアンスなのである。

もし、「響き」というより「ニュアンス」と横文字をつかったほうが、人々の理解をいっそう容易に得られるとするならば、それは即、日本のみだらがいかに衰退しているかの証拠ともなる。

例えば「臥所《ふしど》」とか「閨《ねや》」とか「深窓《しんそう》」という言葉の響きがどれほど伝わるだろうか。実はもうこの言葉自体がみだらな語感をともない、「閨房《けいぼう》」などと聞くだけで少年時代の私の胸はときめいたのだが、いまはベッドインなどと言ったほうが通じる。

「一糸まとわぬ」という表現よりも「ヌード」とか翻訳調の「裸体」などが聞く人のイメージを鮮明にするとすれば、これは切歯《せっし》扼腕《やくわん》してもまだおつりがくるほどに残念な、憤りを感じることなのである。「一糸まとわぬうら若き乙女」という言葉の響きは、ヌードでもなく裸体でもない、別のものなのだ。前者がみだらであり、日本の猥褻であり、後者は輸入感覚の猥雑である。日本の猥褻は、猥雑とは違う。

語感という言葉には、もう一つ「言葉に対する感覚」という意味もある。

言葉に対する感覚が鋭敏であればあるほど、その対象とされるものはみだらになり、鈍くなればなるほど「猥雑」となる。日本のみだら文化は、余韻嫋嫋《じょうじょう》たる響きをそれぞれの対象にもっている。

私の言うみだらとは、日本的なエロティシズムだ、と言えば、これも理解が易しくなるのだろうか?

だとすれば、やはり内心は穏やかではないのだが、仕方がない。

そもそもエロスとは、妻を奴隷扱いしたギリシャ人プラトンが言いふらした言葉である。そんな男たちが、日本のみだらと同じ語感をもてるはずがない。彼が言わんとする内容は、つまりは恋愛であり、性愛である。その考えでは、物欲と肉欲は、最高で純粋な愛のイデアに到達する一段階、同一線上にあるカテゴリーに過ぎなかった。

いずれにせよ、西洋のエロスは、理屈なのだ。

根本的に語感が異なっているにもかかわらず、みだらとは「日本のエロス」と言うと、なんとなく格好がつき、納まりもよくなってしまう。横文字の威力であり、魔力である。

だが実は、魔力をもっていたのは、日本語のほうなのである。

魔力とは理屈ではない。語感の響きこそ、魔力なのだ。

英語をはじめとする横文字はすべて「理屈語」であり、日本語は世界でただ一つの「情語」なのだ。白人にあるものが「合理主義」なら、日本人のわれわれのもっているものは「合情主義」である。

みだらに関する日本語は、男女の性器の呼び名をはじめとして、ほとんど無数にあるが、どれも理屈語ではなく、情の語感が生む合情主義の「情語」である。

樋口清之さんの『性と日本人』（講談社）を参考にすると、女性器の主な隠語は「蟻の門渡り」から「情けどころ」など、ざっと二百六十七、男のは「雁首」から「やっかい棒」まで百五十四も数えられる。さらに『性語辞典』（河出書房新社）をひけば、その数は腰が抜けそうになる。埋もれた方言をたずねていけば、もっとの数になるだろう。それらはすべて、情感、語感、感性から生まれている。こんなに豊富な言葉をもっているのも、日本のみだらだけなのである。

岩下志麻が演じた日本語の愛欲の世界

ここに一枚の映画スチールがある。いまでも時々、そっと見てしまう。

この、そっと見る、という語感が、すでにみだらなのである。

それは岩下志麻さんの写真で、『心中天網島《しんじゆうてんのあみしま》』という映画の一場面からとったスチールである。この映画の原作はいうまでもなく近松門左衛門で、監督は岩下さんの夫君、篠田正浩、昭和四十四年（一九六九年）の作品、その年の『キネマ旬報』でベストテン第一位となった。

曽根崎新地、紀伊国屋の遊女、小春を演じる志麻さんが、後に心中の相手となる紙屋治兵衛に扮する中村吉右衛門と演じた、濡れ場の一場面である。

真上から撮った大俯瞰図《だいふかんず》、屏風絵だかなんだかよくわからない模様の上に、小春が（というより志麻さんが）軽く両目を閉じ、両手を広げ、簪《かんざし》の刺さった髪と顔をやや右に傾け、花とおぼしき絢爛模様の長襦袢と帯を乱し、指を力なく広げ、脛《すね》からはみ出した左足は伸ばし、右足は裾を蹴散らせて折り上げている。

その股のあいだに、真上からで髷《まげ》に隠れて顔は見えない治兵衛が、着物姿のまま半身折りこみ、右手は襦袢越しに女の乳房の上に乗せ、左手と右足の膝は、女の股間の裾に差しこんでいるように見える。

これほど見事な日本のみだらを表現した構図も、モデルの姿もないのだが、当時この写真（映画作品）ですら「みだら」という言葉はつかわれず、マスコミのコメントもエロティシズムとか、エロスとか表現されていたように思い出す。

この映画のスチールはもう一枚もっている。二人の心中の後の場面で、川原の石というより、大きな岩の上に敷かれた筵《むしろ》の上に、互い違い、頭を逆にして並べられた死体の構図で、これも真上からの俯瞰写真である。両方の写真とも、男女とも裸ではなく、女は裾を乱した長襦袢姿となっている。その心中姿はみだらであり、凄艶と呼べる。

ついでに書いておくと、この一九六九年度の洋画のほうのベストテンのトップは、パゾリーニ監督の母子相姦をテーマにした『アポロンの地獄』という映画だった。主演はシルヴァーナ・マンガーノ。パゾリーニ独特のエロスというか、猟奇というか、どす黒いというか、まさしく白人の性である。私はそうした表現に「みだら」はつかわない。エロスで十分である。それにしても、同じ年にトップに選ばれた作品が、いみじくも洋の東西のみだらとエロスの傑作だったことは、面白い偶然だった。

強調しておけば、エロティックなマンガーノに対するわれらの岩下志麻は、みだらなのだ。日本の中でも、いわゆる「愛欲シーン」と呼ばれる演技で、岩下さんほどのみだらさを醸し出せる女優さんを、私は他に知らない。白人女に見習ったような、まがい物のエロを出せる女優さんは、掃いて捨てるほどいる。

近松の頭に描いた女は、こんな女だったにちがいないと思わせるほどの、江戸のみだらを肌で把握しているということは、美貌などを超えた感性、歌舞伎や浄瑠璃の「語感の響き」を肌で感じられる役者に限られるだろう。岩下志麻さんの愛欲表現は、日本語の愛欲なのである。こんな女優さんは、もう出ないかもしれない。みだらの終焉なのだ。

美空ひばりの卓越したみだらの表現力

それに連想されるようにして思い出すのは、美空ひばりである。

美空ひばりがみだらだったなどと言うと、人はわかってくれないかもしれないし、反発を受けるかもしれないが、みだらのもう一つの日本語の表現は「色気」である。完全に同じ意味ではないが、同じ語感の系統にある。みだらさのない色気などないし、色気をともなわないみだらも無論ない。

彼女の歌った『車屋さん』という歌をビデオでつくづく見直すと、そこに醸し出される色気とみだらは、絶品である。歌唱力や声そのものも勿論だが、全身が表現する「しな」は、みだら、色気の極意に見える。漢字で「科」と書くその意味は、愛嬌であると同時に「嬌態《きょうたい》」であり、嬌態とは「なまめきこびる色っぽい態度・様子」と広辞苑に出ている。つまり、みだらさのことである。

女性の和服は、そもそもみだらを前提としてデザインされていると言ってもいいほどに、みだらの要素がある。脇の下の八口《やつくち》とか、襟足の見える着こなしたときの襟の角度とかである。無論、問題は着こなしであって、ひばりさんの着こなしはさすがだった。

前記の『車屋さん』を歌うときの左手で右の袂《たもと》をもち、その袂からわずかに露出して伸びる右手の指を、やんわり肩と共に振ってみせる仕草は、着物の着こなしと一体となった色気、つまりみだらの表現である。目は流し目に微笑む。

「褄《つま》を取る」という言葉がある。芸者になることをも言うが、褄とは着物の両裾であり、長い裾の竪褄《たてづま》を手で押さえるようにもって歩く仕草であり、芸者の左褄を指す。しかし、その日常的な習慣は、普段着の着物にも生かされ、女性はなにげなく着物の膝のあたりを押さえて、乱れることから防ぐ。

そのときの手の位置、指の形などが、肉体としてのみだらの「響き」をつくる。

世の中が乱れるとみだらは消える

みだらは、「乱れる」という語感と一つのものである。

「美は乱調にあり」という言葉がある。勿論みだらも美しいものであり、その典型が、女性の和服の裾の乱れなのだ。

前述の岩下志麻さんのスチールも、もし全裸なら乱れる場所もなく、そのままポッキリの肉体になるが、着物の裾が乱れ、その下から白い脚がのぞいているからこそ、そこに凄艶さが漂うのである。裸体には美はあっても、みだらはないのだ。

しかも、当然と言えば当然だが、乱れるということは、それ以前の乱れていない状態、つまり正調の状態が、不可欠な条件となる。最初からよれよれに乱れた格好をしている女性が、そのうえに裾を乱していても、少しもみだらにはならない。

ふだんは寸分の隙もなくきちんと着こなしている女が、ふとしたはずみで裾を乱す。みだらはそこから生まれる。それを避けようと、女性はいつも裾を押さえ、気をつかいながら立ち居振舞いをすることになる。潜在的に、みだらを意識している。だからこそ、その気遣いは、逆説的な連想を見る目に与え、乱れていない乱れをも、逆に強く感じとるのである。

それこそが日本人の特異な才能とも言える、繊細な神経と、高く深い意識構造が生ましめる連想の美意識、逆説美（乱れの美）なのである。

整然さとみだらの関係は社会と個人の関係にも通じる。世相が乱れたときには個人のみだらさも生まれてこない。みだらは、一方に厳然として存在する正調で、端然とした対比物があってこそ生まれる。江戸中期の色町のみだらさや、いきの世界は、その周辺に小笠原流とか、折り目正しく堅苦しく、かつヤボの骨頂な武家社会という対比の存在があってこそ、はじめて脚光を浴びたのである。ヤボのないいきは、存在しないのである。

現在の日本から、みだらさが払拭しているのも、単に個人個人の問題ではなく、社会全体が混沌とした乱世の状態にあるからかもしれない。あらゆることが乱れに乱れた社会の中では、世相は「猥雑」にならざるをえない。

『心中天網島』の心中死体のスチールは、先ほど説明したとおり、男と女の身体が逆に置かれた構図である。もしこの二人の死体が、並べられて置かれた構図だと、これは正調の位置であり、乱れが醸し出されない。相手の足方向に、もう一人の頭がある。それが乱れと、みだらの凄艶を感じさせるのだ。

マリリン・モンローvs湯上がり姿の女

それにつけても思い出されるのが、またしても映画だが、マリリン・モンローである。彼女は二十世紀最大のエロスの代表となった。『七年目の浮気』という映画で、モンローが地下鉄の上の風通しに立ち、白いスカートがまくれあがっているシーンは、映画を見ていない人でも知っているかもしれない。この姿はみだらではない。彼女がつくっているものこそ、コーカシアン好みのセックスアピールというものなのだ。

アピールとは、魅力という意味もあるが、ラテン語の語源が「打ちこむ」という強い語感であるように、裁判での上訴や上告もアピールだし、武力に訴えることもアピール、なにごとでも自分のことを強く表面に押し出して、強調し、誇示することである。モンローがやったこともそれであるし、白人女性のセックスアピールはすべて自己主張や自己誇示を主体としてつくられるものである。

となれば、彼らにとって最も自己主張が顕著になる性の誇示は、裸体、ということになっても不思議ではない。なにしろ根本の根本だから。素っ裸であれば、相手の男に連想能力などなく、鈍感のカタマリのような人間でも、なにを訴えているのか察しがつくというものである。

実際、白人は、なんとも鈍感なのである。人の気持ちを察するとか、忖度《そんたく》するとかの能力がほとんど皆無に近く、「そんなことぐらい言わなくってもわかるだろう」という内容でもぜんぜん通じない。なにからなにまで言葉で端から端まで説明しないと、飲みこめないのである。「言わぬが花」などということが一切通用しない。

一方、日本の性表現は、すべて、隠すことによって成立する。セックスアピールではなく、セックスハイディング（隠蔽）なのである。

西洋美術での女性の裸体像は、ミロのヴィーナスをはじめ、名作とされる彫刻や絵画はたくさんあるが、女性の湯上がりの姿は一つもないそうである。ところが日本の浮世絵には、浴衣姿の女が多い。いま湯屋から出てきたばかり、ほんのりと襟元を上気させ、桶と手拭を片手、素足に下駄を履いた構図である。

これがみだらなのだ。

なぜなら、それは隠されたセックスであり、連想を刺激するからである。

彼女たちは、あと一刻もすれば、またきちんと化粧をし、夜の支度に黄八丈《きはちじょう》かなにかに着替えるかもしれない。だが夕刻のいまは一時の湯浴みをしてきたばかりであり、そこには「乱れ」がある。盥《たらい》の中の行水であれ、他の女に混じった銭湯の中であれ、彼女はそこから（つまり全裸から）出てきたばかりである。その連想と、連想からの逆説的な感覚が、乳房さえ見えぬ女体を、全裸よりいっそうみだらに見立てるのである。

連想を刺激する要素、あるいは第三者の直観力の「かんどころ」を突くもの、それが色気であり、艶《つや》であり、なまめかしさ、と日本語で表現されるものだ。

蛇足を書けば「かんどころ」は勘所、甲所、肝所などといろいろに書くが、もともとは三味線の弦を押さえる「おさえ所」のことで、一般に言う「ツボ」である。物事の急所であり、男と女がお互いに相手の急所やツボを心得、それをあまり露骨にではなく、しかし連想力の中にはグイと踏みこむような積極性をもって押さえたとき、色気やみだらの勘所が見事にはまるのである。

欧米には決して見られない「湯上がり姿の女」こそ、日本のみだらの勘所を、見事に押さえている。湯上がりの弛緩している女体は、全体として乱れを醸し出し、裾の乱れと共通する「みだら美」をつくっているのだ。

みだら美の極致『みだれ髪』

そこでまた一つ思い出した。

もう一度美空ひばりさんだが、彼女の晩年のヒットソングに『みだれ髪』というのがあった。この歌詞が、なんともみだらなのである。作詞の星野哲郎さんには叱られるかもしれないが、私の解釈ではそうなる。引用させていただく。

一　髪のみだれに手をやれば　赤い蹴出《けだ》しが風に舞う
　　憎や恋しや　塩屋の岬
　　投げて届かぬ想いの糸が　胸にからんで涙をしぼる

二　すてたお方のしあわせを　祈る女の性《さが》悲し

辛《つ》らや重たや　わが恋ながら
沖の瀬をゆく底曳き網の　舟にのせたいこの片情け
三　春は二重に巻いた帯　三重に巻いても余る秋
暗や涯《は》てなや　塩屋の岬
見えぬ心を照らしておくれ　ひとりぼっちにしないでおくれ

作者に叱られても、私はこの詩はみだら美の極致だと思う。それを絶唱した美空ひばりも、みだら美の権化みたいだったと思う。

ここでも裾が乱れている。しかも紅い蹴出《けだ》しが見える。

一体どれほどの若い人が、この蹴出しの意味を知っていて、その語感からどれほど豊かな連想を抱けるか知らないが、蹴出しとは腰巻の上に着て、着物の裾をもちあげて歩くとき、さらにその下の腰巻が見えないようにするための裾除けなのである。これが風に舞ってめくれても、実はその下にもう一枚腰巻がある。だから素足の腿《もも》は、二重に隠されていて、すぐに見えるわけではない。上の着物を数えれば、三重に隠されているわけだ。アピールどころか、隠蔽に隠蔽を重ねている。しかも帯もあまって乱れている。

凄艶なのである。凄艶とは、「ぞっとするほどあでやかなさま」のことである。

この姿を、前述のマリリン・モンローと比べてみてほしい。

日本人ほど豊かな感性をもった民族は、この地球上にいないのである。その感性の数だけ、日本のみだらはある。

感性が豊かでなければ、心も肉体も乱れない。その乱れる分だけ、みだらは存在する。直情径行という言葉がある。「相手のおもわくや周囲の事情など気にしないで、自分の思ったとおりに行動すること」である。直情径行なみだらさなどは想像できない。みだらさは日本人同士の相手の思惑や周囲の事情から生まれ、自分の思ったとおりになかなかできない鬱積した思いが、みだら感を醸造させる。みだらは日本の特産だった味噌や醤油と同じに、発酵するもので、ときには饐《す》えた匂いを発散する。

マリリン・モンローの腰と尻を振って歩くモンロー・ウォークは、直情径行なエロスの行動であり、セックスアピールだった。その姿には発酵させる「糀《こうじ》」の要素はない。シャネル・ナンバー・ファイヴの香りはしても、どこか饐えたような、むれたような、腐る一歩手前の爛熟の香りはない。爛熟とは極限の状況である。日本人の感性は、ほとんど極限まで高まり、深まっていたのである。さまざまな姿の、さまざまの感性をこめたみだらが、つい最近まで、日本にはあった。

『また逢う日まで』のガラス越しのキスの清楚なみだら

清楚なみだらもあった。言葉の綾ではない。

また映画を引き合いに出せば、『また逢う日まで』の中の久我美子と岡田英次が演じた接吻場面のような表現のことである。

これは昭和二十五年（一九五〇年）のベストテン一位だった。この物語の中の若い男女は、まもなく戦争の犠牲となって、それぞれ死ぬ運命にある。その直前の恋だった。生き別れになる直前、二人はガラス窓越しに唇を合わせる。それは日本映画としても画期的な表現だった。それまでわれわれは日本人がキスをする場面を映像で見たことがなかったのである。汚れて曇ったガラスの手前に岡田英次、向こう側に久我美子が、それぞれに相手の唇を求め合い、そっと押しつけ合う。監督は今井正だった。

無論この場面を「みだら」と評した人は、当時、一人もいなかった。みだらは否定的な言葉である。少なくともいまはそう思われている。

しかし、実はこれこそ、やはり日本のみだらの一つの典型だと私は思う。

確かにこの行為は清楚であり、美しい。だが、だからみだらでないと、どうして言えるだろう。みだらという言葉を、どう受けとるかである。

現実にガラス越しに異性と唇を合わせた人が読者の中にいるかどうか知らないが、もしあなたが、この登場人物と同じくらいの若い年頃ならば、やってみればいい。無論いまは、そういう極限のような状況があまりないのだが、もしどうしてもそれ以外に自分の内なる強い衝動を表現する方法がないというとき、そこにある感性は千々に乱れたものであり、肉体は熱く、動悸も早く、陶酔と恍惚が襲うはずである。

しかもそれが、直接相手の唇を（洋画の白人の男女のように）むさぼり合わず、肉体の露出もなく、唇に感じる感覚は、冷たい、無機的なガラスの面なのである。きっとそのときあなたは、清楚以上のなにかを感じるはずである。そのなにかが、みだらなのだ。

生身を超えたところに存在した日本の性

この映画の接吻シーンは、基本的に、映画であろうと、文芸作品であろうと、また現実の行動であろうと、日本のみだらの表出と同じ質をもったものだ。乱れた裾から白い足がほんの一部分のぞいているのと、同じ感覚である。

映画としてこの場面を見る観客の立場でも、実際に行なう当事者としても、そこにあるのはナマなものではなく、想像力や、連想を下敷きにした、情感の発酵である。

窓ガラス越しに唇を合わせている、というその行為に対するイメージ（心の中に浮かべる像、心象）が、白人のエクスタシーとかアクメとか表現するものを凌駕し、すべてをそれ以上に満たしているのである。

結局、エロスであろうとみだらであろうと、根本にある衝動の動機《モチーフ》は、性である。なんらかの性欲、性衝動、男女のあいだの肉体への憧憬と欲望が基底である。

ここで私が問題としているのは、その表現方法なのだ。

エロスもその一つの表現であり、みだらも表現である。そして日本のみだら表現には、ある独特の「枷《かせ》」のような特殊条件がついているのであり、その「枷」が、日本の文化なのだと言いたいのである。

この映画の中の久我美子と岡田英次の接吻場面で醸し出されたものは、登場人物の年齢設定などを超えて爛熟したものであり、豊かな日本人の感性が乱れ、発酵したものである。

歌舞伎の濡れ場などもそれぞれ趣向は凝らされる。だがそれらのどの表現でも、直情径行とはあまりにもかけ離れたものであり、鬱積し、醸造され、情感の発酵がある独特な芳香と共に発散されているものなのである。

欧米の文芸における愛欲場面、例えばローレンスの『チャタレイ夫人の恋人』とか、ハリウッド製のベッドシーンや、ファックシーンなどと根本的に違うのも、そういう描写においてである。

白人の性で表現されるものは、それが宗教的な悩みであろうと、個人的な精神分析的な問題であろうと、介在する葛藤は生々しい生身の人間の現実性である。

しかし日本人が××××の中に見たものは、宿命的な物語性であり、歌の心に通じる幽玄性なのだ。

生身の人間が本能的な欲望だけに駆られ（それが醜いと言うのでは決してないが）、直情径行に走る要素は、物語の架空性の中でも、現実の中でも、日本には希薄だった。

無論、人間社会、一方で野卑な、性行為のためだけの性行為が行なわれる現実は洋の東西を問わず共通なのだが、私が書いているのはそういう次元の話ではない。少なくとも西欧でエロスとかエロティシズムと呼ばれ、日本でみだらと呼ばれるような性の次元では、前者の現実を科学するような姿勢と対照的に、後者に生身を超えた幽玄性を見ていることは、確かだと思えるのである。

ちなみに聞きなれぬ言葉だと困るので、いらぬ辞書的おせっかいを焼いておく（広辞苑参照）。

幽玄＝①奥深く微妙で、容易にはかり知ることのできないこと。
　また、あじわいの深いこと。情趣に富むこと。
②上品で優しいこと。優雅なこと。
③優艶を基調として、言外に深い情趣・余情あること。
　その表現を通して見られる気分・情調的内容。

それが日本の「みだら」である。

確かに日本の神話の中や、万葉集や、古事記や、近代になってからの好色文学といったものの中には、非常に直情径行的な日本人の性が描かれているようにも受けとれる。

それらはよく日本人の性への概念が「おおらか」なものだというように解説されていたりする。私はこの「おおらか」という言い方が嫌いで、なぜ日本人は根っからのスケベだったと言わないのかと思っているのだが、例えばあの有名な古事記などに書かれている「国生みの神話」の描写にしても、実にそのものズバリ、直情径行を絵に描いたような場面である。

イザナギが自分の「成り成りて、成り余れるところ」を、イザナミの「成り成りて、成り合わぬところ」に「刺し塞ごう」と提案し、たちどころにOKをとり、ミトノマグハヒとかクナカヒとかトツギとか古代に言われていた行為を行なってしまったなどというのは、なんとも生々しいスケベ行為の描写にも受けとれる。

しかし、よく考えていただきたい。これは神話なのである。神話というものは、その存在自体が「幽玄」なのだ。

天の岩戸神話にしても、アマノウズメが乳房やホトをあらわにして踊り狂ったという描写も、おおらかというよりスケベである。だがこれも、アマテラスを復活させるという神話の「枷」において乱れているのであり、ゆえに「幽玄」なのである。御存知の通り「ト」とは、古代語で男女の性器を指す。現在に残る「嫁ぐ」は、その「ホト」のトをツグ（継ぐ、注ぐ、接ぐ＝塞ぐ）ことから来ている。だから、嫁ぐ（結婚する）ことは、本来において、すでに幽玄な行為なのである。

ハナイチモンメとカーニバルの違い

もうひとつ有名な直情径行にも受けとめられかねない描写は、万葉集の中の「嬥歌《かがい》」に歌われているものである。

わかりやすく現代語に意訳し、その歌を唱すれば、次のようなものだ。

　鷲が住んでいるという筑波の山の川のほとりで、男と女みんな呼び合って、歌い合って、×××をしよう。私も人妻とやるから、君も私の妻を抱いてやってくれ。神が許してくれている。今日ばかりは私のいとしい人も目をつぶってほしい。さあ、なにも言わずにみんなで××××を楽しもう。

無論、これはコソコソ歌われたわけではない。今ふうに考えれば、ラジオやテレビで全国に流しているような雰囲気である。視聴者参加番組だ。だからこそ万葉集に載せられている。

この風習は歌垣とも呼ばれるが、それとよく似た行事がポリネシアやミクロネシアの人々のあいだに残っていることを最近知った。

その映像を見る限り、彼らのやっていることは、日本の子供たちのあいだに残った「あの子がほしい」というハナイチモンメの遊びと、驚くほど似ている。

男と女が向かい合って列をつくって並び、一方が前に進んで「あの子がほしい」と歌うと、一方は後ろに後退し、再び前に進みながら「あの子じゃわからん」とフシをつけて歌う。するとまた男たちが前に進みながら「美代ちゃんがほしい」と叫ぶ、あの邪気のない「娶《めと》り合戦」のような遊びである。そこで両方の代表がじゃんけんをし、勝てば美代ちゃんはこちらの列に加わらなければならない。今度は誰を「とろう」か、などと相談しあう。子供の頃、私も妙にドキドキしながら、この遊びに参加したことを懐かしく思い出す。特に好きな子の「運命」を賭けて、じゃんけんをするときなど、軽い陶酔に息がつまりかけた。

南の島々の男女は、上半身裸で列をつくり、圧倒されるようなエネルギーを発散させながら本気で×××の相手を求め合っていた。やっている動作、仕草は、じゃんけんこそしていなかったが、前記の日本の遊びとそっくりだった。それを見ながら、私は万葉集に歌われているものの実態は、この流れを汲むものにちがいないと確信した。きっと古代の日本人も、この南の人々と同じ仕草で、歌垣の歌を声をそろえて唱しながら、異性を求め合ったのだろう。

島々の人たちにとっても、この行事を通し、彼らにも彼らなりの幽玄があるにちがいない。行事は祭りと同じで、祭りは一種の「枷」である。神事である。ゆえにその××××も神技に近くなる。白人ヒッピー的な乱交やスワッピングとは、まったく質を異にするのである。

われわれの歌垣も、農耕神へ豊饒を祈る幽玄なる性だったにちがいないのだ。

これも日本のみだらの一つである。


これに似た白人たちの行動は、北欧やドイツ、南米などに残っているカーニバルであろう。それはまさしく性的乱痴気騒ぎの祭典で「オージー（バッカスの祭り）」である。私もその中に混じって実体験を何度かしたが、彼ら彼女らの野獣性丸出しのような性欲発散は、とても「幽玄」などとは言えたものではなく、日本のみだらとはほど遠いものである。男も女も、ひたすら自己主張としての性を誇示《アピール》し、即物としてのセックスをむさぼるのである。

そうした日本との相違は、後の必然的な問題となる私生児誕生に対するアフターケアのあり方にも、如実に現われる。ドイツなどでは、その結果生まれる私生児は「カーニバルベービー」などと呼ばれ、個人の始末に任される。昔もそうだったにちがいない。だが、日本では、そうして生まれる子供は、村単位の共同責任で育てられた。子宝の概念は、個人にとってと同じに、村の子宝でもあった。

前に紹介した高群逸枝の『女性の歴史』によれば、日本の室町時代の男女関係は、ヨーロッパで言えばちょうど原始時代に当たるそうである。

どういうことかと言えば、日本の女性は長い歴史のあいだ、男性に奴隷化されることなく、財産権も、労働の権利も、人格までも認められつづけていたという意味である。

今ふうに言えば、自由も権利も認められていたということである。だから女性奴隷化である「結婚制度」にも従わずにすみ、束縛も、戒律も、性差別もなく、その分みだらも完全に解放された自由さの中に存在していたのである。

室町まで、日本人には「男は外、女は内」という観念は皆無だった。

特に農村では(ということは、ほとんど日本全土という意味だが)、田植え、草むしり、刈り入れなどの外の仕事は、強制としてではなくごく当たり前の役割として、女の仕事だった。なぜなら稲作の仕事は男の瞬発力より女の持久力のほうが適しているからである。そこで、男は通常家の中にいて、育児、料理、掃除、洗濯などの家内労働を受けもっていた。農閑期の出稼ぎなどは、もっと後の時代のことだ。

大化より以前の時代になれば、本家分家などの「家」の概念も曖昧で、だいたい生まれてくる子供が誰の子供なのかを詮索する風習もなかった。私有財産相続の嫡子の観念がないのだから、母親さえわかっていればいいわけで、狭い村の中、母親は無論すぐわかる。つまり嫁とり婚はずっと後まで定着せず、通い婚が普通だし、その意味での夜這いは当たり前だから、子供は共同の「村の子」にならざるをえない。

日本のみだらは、そういう風土から生まれている。

いまでも残る「伴部」という姓は、近代ふうに言えば、村の託児所を呼ぶ名前だった。部族共同体の中にあって、厚生省みたいな「部」であって、福祉の専門職、この氏族が女の生む子供を誰彼かまわず引き取り、乳母、子守として、平等に育てたのである。

そんな古代から日本には女性に対する福祉、託児所があったということは、驚いても驚ききれるものではない。多産な女は、特に賞賛、奨励され、官から稲と専属の乳母を褒賞として与えられたと、続日本紀《しょくにほんぎ》に書かれているのである。

日本の縄文時代はいまから約一万五千年前、弥生時代は二千年ほど前である。その頃ヨーロッパでは、女性の奴隷化はすでに完全に定着していたのだ。だが日本はまだホトの神話の中にある。

世界の創世の神々が全員男であるのに反し、日本の創世の神は女である。

世界中、太陽は男神、月は女神と見立てるが、日本は逆、アマテラスは女神であり、太陽の象徴である。女性を太陽に見立てるのは、日本だけなのだ。

太陽の×××であり、太陽のみだらである。

神話は、その土地の実体の縮図である。

ヨーロッパにしろ、インドにしろ、中国にしろ、女神は男神に与えられたメスのように描かれる。嫁とり婚はまさしく男に与えられるメスとしての結婚制度で、男が女を略奪し、幽閉するのが実体なのだが、メソポタミア、エジプト、ギリシャ、ローマ、インド、中国は、紀元前一千年から数千年前、青銅時代、すでにこの嫁とり婚が定着していたのだった。

しかし、日本は、わずか数百年前まで、女性主導の原始婚が保たれていたのである。ギリシャ神話のアフロディーテは、それなりに性的に「猥雑」だった。数人の愛人と、これもそれなりに×××を楽しんでいる。だがそれは、カーニバルにおける白人女たちと同様、結局は略奪されることへの倒錯的な快楽追求であって、日本のみだらとは、あまりにも性質を異にするものである。彼女たちの×××は、太陽ではないのだ。

繰り返し強調しておこう。それに十分ふさわしいことだからだが、日本の女の×××は、世界でただ一つ、太陽のように熱く、燃えていたのである。

過去の話だ……。

「恋愛」の輸入が日本をダメにした

なぜこれほど素晴らしく、人類の奇跡のようだった日本のみだらが、ある日突然、否定的な意味合いを強くしてしまったのだろう?

なぜ好色とか、色とか、好きものとか、その他さまざまな日本の性に関する伝統的な表現が、本来の正当な力を失い、日陰者に追いやられ、そのため、かえって逆に、横文字まじりの下劣で、ヤボで、白痴的な汚らしい言葉と概念が広まってしまったのか?

なぜ実に生き生きとスケベだった日本人は数を減らし、高度な感性や連想性もなく、即物的で響きや発酵もない「ガキ××××」が蔓延してしまっているのか？

突然話が飛ぶようだが、『蛍の光』という歌には、いまはもうほとんど歌われなくなったが四番まで歌詞がある。明治政府が文明開化の目玉の一つである小学校教育に音楽を導入し、明治十三年（一八八〇年）には本格的に小学唱歌というのをつくった。それらの歌のメインは無論外国の「洋楽」の導入であり、文部省の「音楽取調掛」が、アメリカ人の協力などで、世界の歌を選定し、それに日本語の訳詞をつけたものである。

『蛍の光』も御存知のとおりスコットランドの民謡からとったもので、最初は『蛍』という題で、その「歌唱集」に収められた。その三番の歌詞は、最初以下のようなものだった。

つくしのきはみ　みちのおく
わかるるみちに　かはるとも
かはらぬこころ　ゆきかよひ
ひとつにつくせ　くにのため

ところがすぐ後に、二行目と三行目が、次のように変えられた。「うみやまとほく　へだつとも　そのまごころは　へだてなく」

なぜかというと、原案の「変わらぬ心、行き通い」という文句はみだらだ、と文部省がダメを出したのである。つまり、この表現は男女の閨《ねや》の睦みごとを連想させるという言い分なのだ。考えられますか？　これは先述した江戸幕府のお咎めなどと、まったく性質を異にした、無粋で、馬鹿げていて、自らの国の後進性を暴露するような判断なのである（以上、『日本文学の歴史』角川書店参照）。

これは現在の刑法一七四条の「公然猥褻罪」などを盾にした国家権力のみだらに対する介入のハシリだったのだ。

さらに考えたい。

なぜこのような白痴的な考え方が広まっていったのか？。

なぜ日本の輝かしいみだらが、駆逐されていってしまったのか？

なぜ、いまなお国家が、劣悪きわまる猥褻への介入、いらぬお節介をとりつづけるのか？

その一つのキーワードが「恋愛」だった。柳父章氏の著書『翻訳語成立事情』（岩波書店）によると、明治の初めまで、日本には「恋愛」という言葉がなかったのである。以下の文脈、内容は、私個人の責任になるが、かつての日本には、恋とか愛という言葉はあっても、それすら恋愛の意味とは違っていたのである。恋は「乞い」とか「孤悲」とかも書けるように、相手の心を乞うときの気持ちであり、孤独になっていることを悲しむといった響きの言葉だった。愛という言葉も、「めでる」とか「いつくしむ」といった響きである。

万葉集などの恋歌も、好きな人が来ないとか、逢えなくなったことを悲しむ気持ちがメインで、いわゆる「恋愛」という精神状態を分析したり、形而上の問題として把握したりする種類のものではなかった。

そこに突然、文明開化とともに、白人の思想としての「愛」が日本になだれこんできたのである。

それは英語のラブの翻訳だが、どういうわけか、最初この言葉はラッブとかラーブとか発音されて輸入された。輸入したのは「文明輸入業者」とでも名づけたい、明治の啓蒙運動家、時のインテリたちだった。なかでも「知識ばら売り」でしこたま儲けたラッブの輸入業者は、巌本善治《いわもとよしはる》をはじめとし、後には北村透谷などの明治の文学者、小説家たちだった。

なにしろ、この新しい思想を知っているのは、英語を読めたりする彼らだけだから、横文字苦手な庶民は反論もできず、先生方は好き勝手なことが言えた。

彼らの基本的な主張は、次のようなものだ。

すなわち、いままでの日本人がもっていた男女関係は、野蛮なものである。「色」だとか「こい」だとか「好き」だとか「春情」といったものは、「下卑たる連想を起こさしめる」ものである。ところが一方、西欧の「ラッブ」は「高尚なる感情」で、いままで日本人のもっていたものは英語で言えばラスト（lust）であり、これは劣悪な情欲に過ぎない等々。

ラッブは、深くソウルというものから発する。ソウルとは、日本語で言えば「魂」みたいなものであり、文明開化した日本人は、今後「色恋」などの野蛮性から脱し、白人並みにソウルから生まれる「恋愛」をもたなくてはならない等々。

彼らはそれぞれ、もっと理屈っぽいこと、幼稚なひけらかし、上意下達ふうな、ふんぞり返った白人追従の文章を操ったが、主旨はだいたいこのようなことだった。

日本人庶民は、今も昔も変わりない。こうしたことを読んだり、聞いたりする一般人は、ウブで、素直で、洗脳されやすい。そもそも日本人は、自分でものを考えるということが、世界一不得意な民族なのだ。上意下達には反発するわりに、結局はなにごとをも自生、自発させることができない。明治の文明開化は、その典型であり、それはいまなお、根強く続いている。

自虐史観は、なにもいまに始まったことではない。日本人の第二の本性みたいなもので、おまえたちはダメなんだと言われるのも好きだし、俺たちはダメなんだと考えるのも好きなのである。耳慣れない「恋愛」という新語は、あっというまに巷間に広まった。日本人の性、男女関係は、下卑ていて、野蛮で、文明ではなく、劣悪なものだという一般通念が、野火のように広がった。主に女性のあいだにである。それはまた、日本の女性がそれまで虐《しいた》げられていて、この国は未開の男尊女卑の国であるという、とんでもない誤った通念を育てるのにも役立った。

それに反発する文芸運動も、ないではなかった。だが、そうした反発は、反発のための反発のようなものであり、例えば江戸の好色もののような「元のままの純粋な日本」の素直な継続にはならず、復古とか、国粋とかを意識した、添加物の含有が多いものにならざるをえなかったのだった。

白人語の翻訳という作業が日本を覆って以来、「素《す》の日本」は二度と戻らぬ運命だった。そして、戦後民主主義が、最後のトドメを刺したのである。

憎しみから生まれたキリスト教の愛

キリスト教という魔物が、それに大きな力を貸した。

あらゆる宗教的観念は、キリスト教に限らず魔物的な要素をもっているものだが、特にこの西洋文明の核ともなった宗教は、日本人の自発でもなく、自生でもなく、民族としてのアイデンティティにも、遺伝子的な感性にも基本的にそぐわないという意味で、バテレンの時代から、大いにその魔物性を発揮するものだった。

日本の宗教は、日本化された仏教、日本化された儒教などに明らかなように、そのよくわけのわからない「ありがたさ」が身上なのである。お経なども、聞いていて、さっぱり意味がわからないところが、ありがたいという感情を湧かせる。論理性などほとんどないのである。

ところが、西欧のキリスト教は、全篇これ理屈である。しかも、当然ながら、その理屈の教えは、そもそも日本人の本質に合わせたものではない。例えば人の道を正すにしても、その対象となる反価値、つまり罪の部分は、日本人が日常に犯す罪でもなく、日本人の本質的な反人間性でもない。「導き」の主眼や内容は、あくまで、キリスト教が育った土地柄と、そこに住む人々の生身の現実が対象となっている。

既製品の「お仕着せ」は、敗戦後日本に導入された民主主義などの政治思想や、その他の西欧思想とまったく同じ経緯で、本家の彼らがそれを獲得した経緯は、あくまで現実的な必要性から生まれた「必然としての生活の知恵」からであったにもかかわらず、分家のわれわれは、その歴史的必然性をまったくスッ飛ばして、結果だけを押しつけられ、結論だけを鵜呑みにしているのである。

ある特定の病気があるから、それに効く薬が開発される。それと同じ原理が、西欧文明にもあった。「必要は発明の母」は、イデオロギーでも政治形態でも同じことである。

例えばキリスト教の説く「愛」は、彼らの本性が日本人などにはとても想像できないほどの他人を憎むことのできる能力、強い嫉妬心、執念深く強烈な好戦性と残虐性といった実体の中にあるからこそ、それを軽減させ、修正させようとして案出、強調されたもので、愛の思想だけが無からひょっこり出現したのではないのである。

しかし日本人は、文明開化にともなって入ってきたほとんどすべての思想を、まるで自分たちにも必要欠くべからざるような「わがこと」として受けとめてしまった。

自分が癌でもないのにコバルト治療を受けるという愚かさに、気づかなかった。あるいはライオンに与える麻酔剤の量を猫に注射しているような危険性をも、考えなかった。

この決定的な過ちは、現在でもまったく同じように続けられている。アメリカ製の人権思想、平等思想などを、体質に合わせてコントロールするようなこともなしに、無節操に受け入れありがたがる。憲法をはじめとした法制度などは、特に歴史と伝統を下敷きにするものであるにもかかわらず、その内容の大半は翻訳語の世界である。「公然猥褻罪」など、なんと陳腐な響きであることだろう。「公然」など、日本語ではない。

すべてが、文明開化の名のもとに、自分自身の美点、特性、誇り、長所をドブに捨て、丈にも容貌にも合わない外来の、異質で不適切な思想と行動様式を摂取してしまったのだった。敗戦後は、アメリカ民主主義の名のもとにである。

恋愛とみだら、「耶蘇愛す」と「ヨサホイ」

恋愛とみだらの関係も、同じだった。

愛は崇高なものであり、それはソウルから生まれ、人間をより上等なものにさせるが、いままでの日本人のように、惚れたり、好きになったり、情を通じたりするのは下等な人間である――、と人々は信じ、その考えは徐々に浸透し、いつのまにか議論の余地もないほどの常識となっていった。

日本においては、一方を認めることは、他方の完全否定につながるのだ。

しかも基本的に性蔑視、女性蔑視、性行為否定は、キリスト教のお家芸である。××××も神との契約の思想の下に管理されている。彼らにとってみだらは人類の敵でもある。××××差別という初期には西洋カブレたちの身内だけの思想が、どんどん一般化していった。それも、深く思想を吟味したうえでのことではなく、ただ単に「恋愛」という言葉が、理性を超えるラップの翻訳語だったためだけなのである。

ひとたび英語なりフランス語なりの外国語が、翻訳語として日本語になったとたん、それは元の意味でもなくなる。英語でもなく、日本語でもない、まったく別の、世界にも通用しない響き、ニュアンスを含んでしまうのである。また、実にそれゆえに、それゆえだけで、日本ではありがたがられ、理屈を超えた魔力を発揮するのである。自由も権利も、翻訳語として、同じである。

明治の唱歌導入でも触れたように、日本にはそれまで庶民が声を和して歌を歌うなどということはなかった。たぶん、実践として日本庶民がはじめてその「歓び」を知ったのは、キリスト教教会における賛美歌の合唱だったろう。また、バテレンたちは、実に巧みにその力を利用し、ちょうど今のわれわれがカラオケにのめりこむのと寸分たがわぬ効果を、信者に与えたにちがいない。音楽は、人間の心を実に容易に誘導する効果をもっているのである。

アメリカの「長老教会」に属していたジェイムズ・ハミルトン・バラという神父は、文久元年(一八六一年)、日本に伝道のため派遣され、明治九年には横浜に英語塾を開き、賛美歌の日本語翻訳を行なった。日本人の信者が、陶酔とともに歌った当時の賛美歌の文句は、次のようなものだった（『日本文学の歴史』参照）。

よい国あります　たいそう遠方
信者は栄えて　光ぞ
耶蘇《エス》我を愛す　左様聖書まおす
帰すれば子たち弱いも強い
ハイ　耶蘇愛す
ハイ　耶蘇愛す　左様聖書まおす

ラップの対訳語としての愛という言葉がふんだんにつかわれ、日本に氾濫していった。愛や恋愛は価値が高く、日本のみだらや「惚れたはれた」は価値が低いと言う。いまでも同じことを言う人もいる。

だが一体、日本の恋、スケベが「深くソウルより愛する」もの以下であるなどと、誰が言えるだろう。とんでもない。日本人同士の「春情」も「いつくしみの情」も「人情」も「なさけ」も、世界のどんな民族のもつラブの概念をもはるかに凌駕して高度な人間意識なのであり、そこから発する「助平」と×××も、驚くほど人間的洗練と磨きがかかったものだった。

北村透谷の書いたことは、なんともコケオドシふうであり、独りよがりで尊大な屁理屈である。少し易しい書き方に直しても、なおかつ、次のような訳のわからない独善的な文章だった。

春心を勃発すると同時に恋愛を生ずるというは、古来エセ小説家の人生を卑しめておのれの卑陋《ひろう》なる理想の中に縮小したる毒弊なり。恋愛アニ単純なる思慕ならんや。想世界と実世界との戦争より想世界の敗将をして立ちこもらしむる牙城となるは、すなわち恋愛なり。

わかりますか？　要するに×××と恋愛は違う、前者は下品であり、人間を卑しめる毒だが、恋愛は高尚な精神的人間の最後のよりどころである、と言っている。

彼らが比較していたのは、たぶん、無意識に、あちらの最高人格者と、こちらの最低ならず者だったのだろう。ならず者は、どんな思想や言葉としてのラップをもっていようが下司なのであって、下司の数は、はるかに日本人よりコーカシアンのほうが多いという実体や現実には、まったく無関心だったのだろう。問題は言葉としてのラップや×××ではなく、それを実践するときの個々の人間の意識やココロの高さ、低さであるにもかかわらず、文明開化以降の日本、つまり現在にも通じる日本は、内容空疎な翻訳語だけに振りまわされる結果となってしまったのである。元凶はこうした知ったかぶりの明治男たちだった。

下品であろうと、毒であろうと、本来の日本人の本質は、次の「数え歌」を口ずさむときに抱く、なんとも大人の「をかし」の世界であり、この「をかし」は「あはれ」と対をなす、実に高度な概念なのである。

一つ出たホイのヨサホイのホイ（以下、十までのこの節、略）
ひとり娘とやるときにゃ、ホイ、親のほうからせにゃならぬ
二人娘とやるときにゃ、ホイ、姉のほうからせにゃならぬ
醜い女とやるときにゃ、ホイ、バケツかぶせてせにゃならぬ
よその二階でやるときにゃ、ホイ、音のせぬよにせにゃならぬ
いつもの女とやるときにゃ、ホイ、四十八手でせにゃならぬ
昔馴染みとやるときにゃ、ホイ、思い出し出しせにゃならぬ
八百屋の娘とやるときにゃ、ホイ、大根枕にせにゃならぬ
校長の娘とやるときにゃ、ホイ、退学覚悟でせにゃならぬ
尊い御方とやるときにゃ、ホイ、羽織袴でせにゃならぬ

こうしたものは「卑陋」だと、透谷は言いたかったのだろう。だが、これほどの高級なナンセ

ンスユーモア、洒落気のある諧謔《かいぎゃく》精神は、世界にも稀なのである。しかも純日本の「おどけ」であり「滑稽」なのだ。

ところが文明開化は「耶蘇愛す」のほうがずっと高級で、ソウルがあると人々に信じこませるところに主眼があった。なぜなら、ヨサホイは土着で、自生で、われわれのナマだったからであり、西欧の白人たちの考えたことは、なんでもハイレベルの進歩したものだったからである。

文明国家の仲間入りをしなければならない宿命をもった明治以来の歴代の日本政府は、この舶来上位思想の助長に、絶大な力を貸したのである。

その結果、日本のみだらも、日本女性の××××も力を失い、司馬遼太郎さんふうな言葉をつかえば、両者とも「異胎から生まれた鬼子」のような醜い姿に化身していったのだった。

第2章

みだらな日本語

性を罪悪視する英語

以前にも紹介したことがあるのだが、いま私の住むオーストラリアの女流作家で、ロージー・スコットという人がいる。数年前『セックス・エクスタシーに関する言語を探して』という論文を発表した。

以下、その要旨を簡単に紹介したいのだが、彼女の〝憤り〟とも言えるほどの母国語、英語に対する思いを、われわれは日本語との比較を念頭において考えてみたいのだ。

「セックスと好色のテーマは、われわれの文化において非常に偏った扱いを受けている」と、彼女は書き出す。

「それはこのテーマに対するわれわれの言語、ひいては文学作品に現われている混乱を考えてみれば、よくわかる。英語圏の社会では、性に対して異常なほどの感情混乱があるし、それは性差別主義的な発想、自責の観念、罪悪感、暴力的な態度などと一体をなすものなのである。他の一般的な用法では、華麗で豊饒な言語である英語が、ひとたび性的な感情表現とか、性行為の描写になると、とたんに驚くほど貧弱なものになるのである」

さらに、抜き書きふうに主旨だけを続けて紹介する。

「辞書編集者として有名なゲーリー・サイムス博士は、長年の努力の結果、英語でははじめての『セックス語事典』を最近完成させたが、その過程で、次のことが明らかになった。

まずなによりも、英語が反性的な態度に強く影響されていることである。

セックスは不潔で汚らわしいものとされ、性についての表現は、すべて性差別だとする偏見に満ちている。人々はセックス行為に対して軽蔑的な態度をとり、潜在的な罪悪感をもっている。

私（スコット女史）も小説を書くにあたって、性描写に関する言葉が、あまりにも英語に貧弱なのに、あらためて驚いた。

セックスの美しさとか、そのパワーとか、若い女性の性に対する感情や情熱などを、できるだけ的確に書こうとしても、もっとも基本的なレベルでさえ、それを表現するのに十分な言葉が、まったく見つからないのである。なによりも驚くことは、性行為自体を肯定的に表現する言葉が、まったくないということである。

英語の類語事典で最も権威のあるロジェーの辞書を見ても『殺す』という意味を表わす言葉は八十四種類もの単語があるのに、『性交』を表わす言葉は、たった十八しかないのである。しかもそのなかにはポゼス（possess＝感情が取りつく）といった、性表現としては不適当な単語まで含んだ上なのだ。

その他の言葉も、すべて性行為に対して否定的なニュアンスがこめられている。メイクラブ（make love）と言えばまるで室内音楽を聴くようなよそよそしさがあるし、ファッキング（fucking）と言えば攻撃的な罵りの言葉になるし、スクリューイング（screwing）と言えば露骨で胸が悪くなるほどに耳障りで、どぎつい。

つまり、どの言葉もリアリティを反映していないのだ。医学書的発想の技術用語であるペニスとかヴァギナとか、でなければ醜く冷ややかな感情しか喚起されないような言葉ばかりである。性交に関する英語は、われわれの性に対する恐れや、罪悪感、敵愾心といったものを、露骨に証明するような言葉ばかりなのである。

伝統的な英文学においても、性は常に悲惨で、有害で、不道徳なものと決めてかかられているようだ。望まない妊娠からエイズに到るまで、性は近寄らないほうがいいという態度で貫かれている。また、ポルノとなると、ひたすら男性の女性に対する攻撃的態度、敵意、侵略、制圧、男性上位主義の女性蔑視などを暗示する表現ばかりとなる。

女性側の表現は、消極的で受身、恐怖や不安や脅威を受けるものばかりで、婉曲語法も貧弱である。ペニスを『武器』などと呼んだり、『脈動する乳房』だとか『肉体の嵐』だとか『情熱的なキス』だとか、陳腐なものばかりなのだ。

そして最後には、決まって男性が主導権を握り、高慢で独立心旺盛だった女性が結局男の言いなりになって終わるという、ワンパターンなのである」

みだらと無縁なアングロサクソン

独断と偏見をもつ私に言わせれば、性に関する言葉に限らず、英語という言語は、例えばフランス語などと比較して少しも豊饒だとは思えないのだが、確かに「セックス言語」となると、もう最悪である。

だがそれは、ただ単にセックスに関する単語の数が少ない、というような単純な問題ではないのである。日本語と日本人を知らないスコット女史の限界がそこにある。

結論を言えば、コーカシアン、特にアングロサクソンにはあらゆる面でみだらさがないのである。

この種族は、生来、性の悦びという人間だけに与えられた大きな恩恵を、ほとんどまったくと言っていいほど味わうことのできない人々なのである。それがどれほど不幸なことか、またひるがえって、その悦びを世界のどの民族よりも深く強く享受できていたわれわれ日本民族が、どれほど恵まれていたか、想像を絶するほどなのだ。

大袈裟だと言いたければ言えばいい。その人たちは日本人でありながら、日本のみだらの譬《たと》えようもない素晴らしさを知らぬまま死ぬ人たちである。そしてそういう日本の若者が絶対多数となったこの現在の日本の現状が、いかに慚愧《ざんき》に堪えないものかに気づかぬ人たちでもある。

口角泡を飛ばすのは、みっともないからやめよう。冷静になろう……。

白人たちは言語の問題だけではなく、あらゆる面でみだらではないと書いた。

考えれば当たり前のことを言っている。なぜなら言語というものは、あらゆる人間的要素を表出するものの〝結晶〟だからである。表出とは「精神活動の動きが外部に現われること」である。表情も表出ならば、呼吸運動や筋肉運動の変化も表出であり、ホルモン分泌も表出である。それらのすべてが、概念や意味の結晶体として言語というものをつくる。

つまり一国の国語の限界は、それをつかう民族の限界でもあるのだ。

例えば英語をつかうアングロサクソンの限界は、まず生理としての肉体的条件の限界である。右に定義した限界だ。

彼らの中に混じって生活してみないとわからないことだが、コーカシアンの肉体的条件は、モンゴロイドのものとあまりにも違いすぎる。とても同じヒト属とは思えないほどである。一言で言えば、男も女も強靭すぎるのである。ゴリラとチンパンジーの違いと言えばわかりやすいだろうか。日本人の最も男っぽい男が、白人の平均的女性だと考えても間違っていない。

これが「殺す」という意味を表わす同義語が八十四もあることの謎の正体なのである。彼らの肉体条件は、殺すことに向いているからこそ、またそれを頻繁に実践するからこそ、その意味の結晶体としての言葉が多く生み出されたのだ。

ところが、その同じ肉体条件は、×××にもみだらにも適していないのである。だからこそ、それに関連する言葉も多くは生まれなかった。

この肉体的条件としての限界は、その他の条件がつくった限界、例えばキリスト教の影響が与えた限界といったものと、ほぼ同じくらいの力をもっていると思える。

いや、もっと分析して考えれば、殺すという言葉に向いていて性交の言葉に向いていない肉体的条件が、ニワトリと卵のような関係で、あるいはその「反価値」を求めるために、キリスト教やイスラム教を生み出したとも言えるのである。

さらに言えば、×××の言葉を豊富に生み出せる日本人の肉体的限界（強靭でないという限界）は、戒律のきびしい宗教を生み出すこともできず、その基礎となる哲学的な頭のめぐりも悪く、科学性への能力に適していないということでもある。

身体が大きく、筋肉隆々で、勇敢で、好戦的な人間は、一般的に言って、繊細な神経などもちあわすことができないのである。いわゆる女々しい感情をもっていれば、十字軍に加わって大虐殺になど参加できるわけもない。ところが、みだらや×××を享受するための不可欠な条件は、繊細な神経と、どちらかといえば、男っぽいというよりも女々しい感情をもつことなのである。

つまり、それぞれにプラスの限界はどこかでマイナスの限界になり、その逆もまたあるということなのだ。

言語が、それを生み出すあらゆる人間性の表出だというのも、その意味においてである。

翻訳できない「セックス言語」としての日本語

わかりやすくするために、少し具体的に書く。

ただし、露骨になる。

白人同士のポルノ映画でもわかるように、彼ら彼女らの肉体には「なよやかさ」が皆無である。モデルの男たちの肉体は全員ヘラクレスかアーノルド・シュワルツェネッガーかランボーのような猛々しさである。無骨である。

確かに男の猛々しさは、前述した白人専用のセックスアピールではあっても、粘液質がどこかで不可欠な和事《わごと》としての淫靡な雰囲気は生まれない。

白人の男の肉体そのものが、すでにスコット女史の言う攻撃性、脅威、侵略、制圧、男性上位をつくってしまっているのである。ミケランジェロの「ダビデ像」は健康美であっても、少しも淫靡な美ではない。ムキムキで健康過ぎては、みだらにはほど遠い。

コーカソイドの女の肉体にもモンゴロイドの女性には見られないパワーがありすぎる。スコット女史が忘れてはならないのは、自分たちがアマゾネスの後胤《こういん》であるということだ。ギリシャ神話に出てくるアマゾネスは、勇猛果敢、好戦的な女人族で、弓を射やすくするために自らの右の乳房を切りとっていたという。そうしたパワーをもつ女性の肉体条件も、淫靡さを阻害する。譬《たと》えて言えば白人女性は全員が巴御前とサッチーの合体みたいなものなのだ。

白人同士の性交は、ヘラクレスとアマゾネスの戦いなのである。

これは比喩のたぐいで言っているのではない。実際である。彼らの長いセックスの歴史が、それを如実に示している。日本では「睦みごと」である×××の実体が、彼らにおいては主権をかけた男と女の戦争なのである。

そのうえ、彼女たち白人の肌は、一般に鮫肌で荒々しく、なめらかさに欠ける。そういう肌からは、美しい性語は生まれにくい。

なよやかとは物柔かなさまのことなのだが、みだらは猛々しいだけでは決して成立させることができず、なよやかさとか、たおやかさ、あるいは嫋嫋としたもの、滑らかさ、揺蕩《たゆた》うもの、などが不可欠である。

源氏物語に、

「艶《つや》にあえかなるすきずきしさのみこそをかしくおぼさるらめ」

という描写がある。

「あえか」とは、「かよわく、なよなよとしたさま。たよりないさま」の意味であるが、艶っぽくて、あえかで、同時に好き好きしさがあるのが、「をかし」（「あはれ」が感傷性を含むのに対して、より客観的に賞美する感情）なのである。

そういう描写が可能な言語結晶があってこそ、本当に美しい「セックス言語」となる。

だが、アングロサクソンのように、実体としてそういうものを肉体の中にもちあわせていなければ、当然そうした描写は生まれないわけで、とうてい××××の美しさなど書き表わせられないということになるのだ。

源氏物語は少し難しすぎるが、例えば以下の表現や、言葉遣い、文章は、現在の日本のＳＭなどの好色小説に出てくるものだが、それらは白人同士の性描写にはとてもつかえないと思える。スコット女史の言う「婉曲語法」である。

そうした婉曲語法は、対象があえかな日本人の女性ならではのリアリティで、アマゾネスのような狩猟民族のＤＮＡを受け継いでいる白人女性では嘘になってしまうのである。

いくつかアトランダムに選んで、ご紹介するから、いかにこれらが、日本人の肉体であってこそのものであるかを納得されたい（多少、私流にまとめた）。

肩のあたりの肉づきはまだ脆弱だが、それに比べ鳩尾から腰部にかけては十分に女っぽい成熟みを見せて、冷たい光沢を放っている。横座りになった両腿の付け根に、黒々とした妖しい翳りがはみ出している。

うっとりと瞼を閉ざし、じょじょに濡れた甘い舌をまといつかせてくる。強く吸い上げると、かぼそく喉を鳴らし、両手を首筋に巻きつけ、なよやかに上体をくねらす。

乳頭が薄桃色の乳暈のなかに潜りこんでいる。乳房をやんわり揉みたてられ、艶艶と絖るような光沢の肌が、胸のあたりまで羞恥の綾模様を広げる。もわっとした繊毛の感触。あえかなふくらみを手の平に覆い包み、ぴっちりあわせる脂肪の乗った太腿の付け根を二本の指で掻き分ける。

むっと盛り上がった双臀の形は艶麗だ。肉の締まった豊かな太ももをしらじらと一層大きく割り裂かれ、付け根の毛深い翳りから、その奥の亀裂まで、色鮮やかに露呈する。

傍点をふった言葉は、擬態語を含め、日本語ならではの単語で、英語などの外国語には決して翻訳できないものだが、どれも、か弱く、なよなよし、頼りなげな日本女性の肉体があってのみ可能な描写なのである。マリリン・モンローやジュリア・ロバーツやデミ・ムーアの描写にすると、この語感はすべて嘘になる。

こうした日本語表現は、いくらでもある。「紊乱《びんらん》にくねる花弁」とか「肌理《きめ》を彩る汗」とか「ぬめ白い両腿」とか「うす紅色の肉の層」とか「玲瓏《れいろう》な玉の肌」とか「臈《ろう》たけた美しさ」とか「華奢（花車）な身体」などの言葉群である。どれも、つかえないことはないが、白人の女性には似合わない。だから、英語の本で、こうした表現は読んだこともない。それに当たる言葉も一つもない。

濡れ場の核になるのは女性の恥じらい

さらに露骨になる。

日本人がもっていて、白人にはほとんどなく、それゆえに描写としても言葉としても英語にはほとんど見られないもう一つの肉体条件は、女性の愛液に関するもの、つまり「濡れる」といった表現を生み出すものである。

前にも書いたように、歌舞伎の荒事《あらごと》に対応する和事《わごと》は、「濡れ場」と呼ばれるのだが、これはいかに日本の女性が生理反応としてのホルモンの分泌が豊かであるかの証明みたいなもので、われわれがその多寡に価値や意識を抱くからこそ、そうした呼称が生まれている。

英語でも隠語として「ウエット」という言葉はつかわれてはいる。「ヴァギナル・ラブリケーション（膣の潤滑油）」とか、「レッチ・ウォーター（情欲の水）」といった表現もある。ウエット・ボトムなどとも言う。そのほかにもジューシーとかスリック・チックなどという言いまわしもあることにはある。ラブジュースなどは、ほとんど和製英語に近い。

しかしこれらは、それこそスコット女史が嘆くような、攻撃的なニュアンスの濃い表現で、女性蔑視が底にあり、耳障りで、どぎつい。どちらかといえば、野卑で猥雑な男どもが、酒に酔って淫売相手に怒鳴りちらすといった雰囲気だ。とても演劇の場面設定につかえるような言葉ではない。歌舞伎の「濡れ場」をあえて英語にすれば、どうしてもファックシーンとならざるをえない。なぜなら、濡れるということは本質として、ラブシーンとは違うからである。それでいて、この二つの言葉のもつ「響き」の違いはどうだろう！

このような違いは、言語自体の問題というより、やはり実体としての肉体的条件の違い、つまり彼我の女性の分泌の量の多寡や、その様子、反応、形態、濡れ具合といった、現実の反映だとしか私には受けとれない。むこう様の女性は、日本女性ほど濡れないのである。あるいは濡れても、その濡れ方がまったく違うのだ（露骨になると、断わってある）。

日本ではよく濡れる女は、「汐吹き」などと呼ばれ、よい女であり、濡れれば濡れるほど女の羞恥心は刺激され、その恥じらいが×××を盛り上げることになる。女の分泌量は、男女両者の喜悦度のバロメーターのような存在となる。そこで、それにまつわる描写は、みだら美を強調することに当然なった。それが英語にはない。

かつての日本女性にとっては、濡れることは自己アピールではなく、恥ずかしさにつながった。自分の「乱れ」に対するやるせないような羞恥である。それが逆説的な嬌態となるのだ。やはりこれも、前に書いたように、アピールの反対の「隠蔽」であり、それによる連想としてのみだらである。

このように肉体的条件は、内なる感情や、情緒や、ココロの問題と連結する。みだらにおいて最も重要な条件は、女性の羞恥心で、女の恥じらいの表現なくして、みだらの美は絶対に醸し出せない。「濡れ」は、そのシンボルの一つだった。

こうした肉体条件が、白人たちのセックスには、きわめて希薄なのである。

実体験がなくとも、まずそうした描写が小説にほとんどないこと、西洋ポルノ映画をどんなに見ても、その手の映像描写がまず皆無であることなどで実証される。もし、愛液の有無が、みだらの価値観の一大要素であると認識していれば（つまり常識のような通念ならば）、たとえ嘘でも、ポルノなどでそういう描写を演出してみせるはずである。ところが、おかしなほど、白人のポルノ作家や監督は、その点を無視している。それにともなう女性の羞恥心の描写など、薬にしたくともないのである。

つまり白人のあいだでは、濡れる濡れないは猥褻度としての問題ではなく、実際それほどの量もないし、また、そこにみだらの核を見ることもないということになる。また、濡れたとしても、その女性は恥じるどころか、アピールとしての誇示に転化し、それによって男性に対する女性の優位性や、相手とは無関係な個人としてのアイデンティティの証になったりする。

性行為は彼らにとって、まさしく男女間の戦闘なのである。チャタレイ夫人と庭男の性行為や、『O嬢の物語』などをよく読めば、そこらへんの事情がよく理解できるはずである。

そのような現実の要素は、単なる言語や単語の数の問題をはるかに超えたところに存在している。


男の股間にそそり立つ雄々しいものを真正面から見せられ、慌てて睫毛を伏せてしまう。ぽうっと胸まで含羞が広がる。

「すごい洪水じゃないか」

いやいやと首を振り、背筋をたわめ、さも切なげに眉宇を顰め、扇情的に腰をゆする。ちぢれ毛に囲われた花びらがあらわにさらけ出され、下方に菊のつぼみが見える。

薄赤い花襞にそっと指が触れられると、女はひときわ声にならぬ呻きを発し、かぶりを大きく振り立てる。蒼く静脈を浮かせた鼠蹊部をぴーんと突っ張り、堪えるような表情と白いうなじをツーンと仰け反らせる。

指が濡れを光らせる柔らかい肉のほとびりに沈む。

「ア、あああ……」と、官能の慄えが、筋肉の硬直の慄えに同調した。

傍点の日本語を百パーセント英語に置き換えられる人がいたらお目にかかりたい。

日本語は「語感語」なのだ。

語感は、自然環境を含めたあらゆる生活や肉体の実態、実感を含有するのである。

右に引用した日本女性の擬態語を中心とした反応と、その表現文章は、決してスコット女史が言うような女性の敗北でもなく、消極的な受身の姿勢でもなく、恐怖や不安や脅威を受けているのでもない。

もし日本女性に性の消極さがあるとすれば、それは羞恥の表現であり、それは即、絶大な積極性に転化されるものであり、結局、濡れ場での主導権は女性の羞恥心にあり、勝利者も女性なのだ。そのことは日本の男も承知している。

「いく」と「くる」ではどこが違うか?

なおも「濡れる」ということを念頭に置きつつ、みだらの核心に迫ってみたい。

それは一方において、日本語の核心を考えることにもつながる。

以上の数頁に書いたことを整理すれば、バカバカしいほど当たり前なことに過ぎない。

結局一つの民族を形づくるものは、一切合財、自然環境の賜物だということである。それはそこに住む人々の骨格や、体力や、性状をも含む、あらゆる自生の文化のことでもある。

そのなかには、当然、食文化と同じようなプロセスで育った性文化も含まれる。性欲の生まれる過程、その発散の過程、満足の仕方は、それぞれ自然環境に従って違う。それにともなう肉体の条件や限界も、自然環境が生み出す文化なのである。

事においての日本人のどっちつかずで優柔不断な民族性や、日本語のもつ曖昧さは、湿度が高く、霧とか靄《もや》による自然の中間色と関係があるとは、よく言われていることである。

自然が優しいので、人情も優しくなったとも。絶対に確かなことだと思う。

民族のもつあらゆる特性は、百パーセントその土地のもつ自然環境がつくるものなのだ。

言語と、それと不即不離のみだらも、まったく同じことである。それぞれの民族の言語が違うことは、誰にでもすぐわかる。性にもまったく同質同量の相違がある。英語によるファックの実体と、日本語による×××の実体は、白色と黄色以上の違いがある。

性にまつわる一切は言語と深く連関していて、ほとんど一体のものだ。

豊かな自然環境は、豊かな人間性を培い、豊かな人間性は豊かな言語と豊かな×××を培う。貧しく苛酷な自然環境は、それなりの人間性と、それなりの言語とセックスしかつくらない。要するにそういうことである。

そして非常に重要なことは、そのときの豊かな言語とは、単に単語の数が多いか少ないかといった数の問題をはるかに超えているということなのだ。

一つ一つの言葉にこめられている感性の質が問題なのである。一つの言葉からどれほどの広がりがもて、どれほど繊細な感性的連想が働くか。その意味では、日本語は摩訶不思議な力をもち、世界に類を見ない魔術的な要素をふんだんに含んでいるのだが（だからこそ言霊の思想が生まれたのだが）、それもすべて、日本の自然環境が×××とともに培ったものなのである。

前にも少し触れたが、英語をはじめとするヨーロッパ語は、理論語なのである。過酷な自然は過酷な人間関係をつくり、その関係の中には、曖昧さが一切拒絶される。一つ一つの単語は、厳密で詳細な限定、定義から生まれ、それ以上でもそれ以下でもない意味を形成する。言葉の情感、語感は極力排除、無視され、論理性が追究される。イエスはイエスであり、ウイであり、ヤーであり、ダーである。しかもそれらはすべて主観から発せられ、揺るぎがない。

またわかりやすくするために、露骨になる。主観から発せられる言語という意味の、一番卑近で明解な例についてである。

アクメを迎えるとき、日本女性は伝統として、無意識に「いく」と言う。コーカシアンをはじめ、世界の女性のそれは「カム」（カミング、すなわち「来る」）である。

まず日本語の「いく」というのは、主語は言外の自分であり、その語感がもつ響きは、他者への方向性である。「あなたのお側に行きます」と言うのとほとんど変わりなく、自分が、相手の男と彼が与えてくれている喜悦の深みのほうへ向かっていくのであって、主体は自分から離れた相手方にある。それに向かっていく自分は失われ、主観は喪失する。つまり相手との一体感が強調されているのだ。

一方「来る」は、主語がイット、すなわち襲ってくる自分自身の陶酔、アクメであって、主体は自分にあり、主観は微塵も失われていないのである。間違って I'm coming. と混同されそうだが、It's coming. なのであり、これはフランス語の表現でも、ドイツ語の表現でも同じである(ドイツ語で Es kommt mir wieder!)。その場合、相手との一体感は問題ではなく、自分の充足がすべての関心となっている。

丸と矢印の図式で言えば、日本女性の「いく」は自分という主語の矢印が丸の中心から外へ向かって出ていき、白人の「カム」はアクメという主語の矢印が自分という丸の中心に向かって入ってくる。

ほとんど無意識の状態でごく自然に口をつくこの感覚の違いは、民族性の本能的な反応なのである。白人はあくまで自己にしがみつき、日本人はたやすく自己を消滅させる。この極端な違いも、自然環境が与えた違いだろう。自己喪失が陶酔の喜悦に結びつく民族など、日本人しかいないのではないだろうか。詳しく書く余裕はないが、この場合で言えば、四季がうつろいゆく日本の自然は、諸行無常、生者必滅のような「自己喪失の美学」あるいは「滅びの美学」のような感覚を培ったのである。

「いきます……、いってしまいます……」

と、日本女性は冬の枯れ木の最後の一葉が散るように、自己を滅して陶酔するのである。×××の中に砂漠の砂や駱駝の糞が混じりこんできたりする中近東などのセックスと、春雨の幽《かす》かな音を外に聞いたり、秋の夜長の鈴虫の声を聞きながらの×××が、同じであるはずはない。みだらを醸し出すものは、肉体的条件を包みこむ自然の条件であり、言葉もそれにつれて生まれてくる。

芭蕉の句の「色」と「味」が通じない理由

突然、芭蕉に話を飛ばす。

ひとつやに　遊女も寝たり　萩と月

という芭蕉の句は、現実の芭蕉が旅でどうだったとかいうことを超え、「夜」「遊女」「寝る」という単語がある以上、ある種のみだらを醸し出している。

現在のわれわれは、俳句だとか芭蕉だとかという点に、なにか襟を正さねばならないような錯覚を起こしているが、日本の古典はもっと親しみ深いものなのである。古事記や日本書紀もさることながら、徒然草にも女性論、みだら論議は書かれている。そうしたなかに描写されるみだら性は、言葉の響きが主体なのだ。

欧米の文学の価値は、ポルノまで含め、非常に厳密に定義づけられる単語を、いかに配列よく、きらびやかに、かつ豊富につかいこなせるかにかかっている。しかもそこに論理の乱れがあってはならない。首尾一貫した起承転結が、たとえ短い詩文にも要求される。読者の感性を過信することはできず、読者の連想を見越すこともできない。

例えば右の芭蕉の俳句を英語で、I slept with a prostitute in one room. と文字通り訳せば、単なる殺伐とした三流ポルノの出だしと変わりなく、それ以上のなにものでもない。

しかも、文末に突然脈絡なく「萩」と「月」がつくと、もはや英語の文章として、支離滅裂、意味不明な暗号みたいな印象になる。

無論、そこに幽玄なみだら性を感じることなど、とうてい不可能である。むかし司馬遼太郎さんが、論語の「朋有り遠方より来たる、亦楽しからずや」を英訳すると、まるでインディアンの酋長が右手を挙げながら「白人うそつき、インディアンうそつかない」と言っているのと同じように聞こえる、というようなことをおっしゃっていたが、この芭蕉の句はそれ以上に不可解になる。

もし彼ら白人が、この文になんらかの価値があると思うとすれば、それはただ単に、東洋の神秘的な国ジャパンの、HAIKUなのだという特殊条件を納得する以外にない。

と書いてから、慌ててドナルド・キーンの訳を探してみた。

Under the same roof, Prostitutes were sleeping—, The moon and clover.

となっていた。

やっぱり……（たいしてオレと違わないじゃないか）。工夫と言えば、遊女が複数になっているぐらいなものだ。第一、売春婦（prostitute）と遊女はまったく違うものである。

この大学者をしても、この程度の訳にしかならない。英語の限界なのである。

つまり、単語のあるなしではない、ということの実証ともなる。単語は全部ある。ムーンとクローバーもある。だが、もし誰かアメリカ人が、パーティーの席上でこの文句だけを突然発したとしたら、彼は精神を疑われるだろう。なんの意味もない。だからどうした、と訊かれるだろう。バカか、お前……？


さて、これもまた当然なことなのだが、なにかを言いたいということは、それに対する言葉があるかないかということでなく、言いたいことの実体があるかないかである。

よくお偉い先生が、講演でべらべら喋ったり、長々と文章を書いたりしていても、なにを言っているのかさっぱり摑めず、空疎な言葉の羅列に聞こえるのは、まさにそういうことで、言葉はあっても言いたいことの内容や実体がないのである。

翻訳や外国語での会話の場合も、そうした蹉跌《さてつ》はしばしば起こる。

こちらには日本人として言わんとすることの実体はあっても、先方の白人社会にそれがない場合である。私など実生活で、しょっちゅうそれで泣かされている。人付き合いで義理人情を押し出してみても、その実体のないオーストラリア人には、私の言い分なぞインディアン酋長の独り言と同じ効果しか与えない。

日本のみだらも、それと一脈通じる。ガイジンにはない日本のみだらの実体を伝えるのは並大抵のことではなく、たぶん不可能だろう。

みだらの実体は、色であり、味である。「あはれ」と「をかし」が合体した色と味かもしれない。

俳句もまた、同様である。そしてそれが伝わる不可欠な条件は、読み手や聞き手が、その生活環境、自然環境をすべて把握していて、無意識の世界にそれらの「実体」が連想として再現されているということである。

例えばこの俳句で言えば、「ひとつや」という家が、同じ芭蕉の『奥の細道』に出ている「のみ虱馬の尿《しと》する枕もと」と同じような構造をした、東北の、あの矩形《くけい》で仕切りもない囲炉裏《いろり》の切ってある家を知っていなければ味が出ない。そういう家の囲炉裏ばたかなんかで、遊女も片隅に雑魚寝し、ふと見れば外には月の光に照らし出された萩がしらじらと光っている……。

だが、どこかに色がある。おしろいの香りも漂っていることだろう。寝息も聞こえたことだろう。遊女が着ていた着物の柄も、なんとなく、おぼろげに想像できる。地酒を酌み交わしたかもしれないし、身の上話を語り明かしたのかもしれない。外には東北独特な空気がある……。そうした日本のすべての実体が把握されていて、はじめてそこに色がつき、味が出る。その「色気」と「味気」の中に（つまり、「あはれ」と「をかし」の入り混じった連想の中に）独特な日本のみだらが、ほんのりと醸し出される。

日本のみだらは、「隠された実体」の中にある。しかもそれは、尽きせぬほどに豊富である。

相手の連想力への信頼が日本語の生命線

湿度――中間色――濡れる――言葉――みだら、の連関にこだわっている。

この順序には、さして意味はない。

ただ、この「連関」（つながりかかわること。互いにかかわりあうこと。多くの経験内容が一定の関係に従って結合し、一つの全体を構成すること）が、日本の場合、あまりにも特殊なのである。

あの狭いヨーロッパにはいくつものクニがあり、異なった民族が暮らして、それぞれのあいだにある違いは歴然たるものなのだが、その相違すら、日本と比べればないに等しい。例えば英語、フランス語、ドイツ語などの数々の異なった言語も、基底では入り混じっていて、似通っている点が多い。北欧語同士など、ほとんど方言の差に近い。しかし、日本はすべての点で近隣の諸国ともまったく異なっている。つまり親戚にあたる言葉がないのである。

その独自な言語、日本語が、日本人の特殊な脳をつくったことが、東京医科歯科大学の名誉教授、角田忠信博士の科学的な実験で証明された。詳細な紹介はできないが、その著書『日本人の脳』（大修館書店）に詳しい。一言で乱暴に要約すれば、日本人の脳は特殊な働きをし、世界のどの民族にも類似のない反応機能、判断機能をもっているのである。

この特殊機能が、××××に働いていないわけはない。実は最も顕著に、明解に、しかも露骨に働いているはずである。ただコトがコトだから、お偉い先生は真正面から取り組まないだけだろう。

そこで我輩は執拗にみだらに迫る……。

キーワードを探してみよう。連想ゲームだと思えばいい。みだらと聞いて、他にどんな言葉が連想されるだろうか？

われわれ日本人は、一つの言葉を聞いたりつかったりするとき、無意識に連想される別の言葉と概念を探っているものだ。というのも、われわれのつかう言葉がそもそも明確性を欠き、厳密な意味をもたないものが多いからでもある。出会ったときの挨拶の「どうも、どうも」などというのはその典型で、こんな言葉で挨拶する民族は地球上、日本民族だけである。そこでわれわれは、その「どうも」の中に含まれる響き、ニュアンスを勝手に（無意識に）忖度《そんたく》するわけである。「とても元気だ」と言っているのか、「いまは口をききたくない」と言っているのか、とか。言語を通したこうしたココロの働きをもつのは、日本人だけだと私は信じている。

それが日本人に限って可能で、しかも容易なのは、やはり単一民族のありがたさである。アカデミックな分析は知らないが、われわれは生活慣習に関して、まぎれもなく単一民族で、どこに行こうと気心というものはだいたいにおいて同じである。長い歴史を共有しているので、個人の体験や知識や倫理観や価値観は共通しているし、日本語に対する感受性も変わりなく、とんでもない意味のとり違えも起こりにくい。

白人同士の社会では、そうはいかない。たとえ同じ英語をつかっていても、相手がどんな体験をし、どんな倫理感をもっているのか、ほとんどわからない。

アメリカやオーストラリアのように、方々の国からの移民がいる場所では、なおさらである。同じフランス人の中にも、ユダヤ人はいるし、ゲルマンに近い北とラテンが多い南では、人情もずいぶん違う。そこで彼らの言葉は、論理的で、厳密な意味の限定が要求される。言葉の連想は危険であり、避けなければならなくなる。相手の言葉以上のココロの内面を忖度することも、危なくってやっていられない。すべて、言葉で確認をとりあいながら、人間関係が進行するのだ。

十一年もオーストラリアで暮らして最近気づいたことは、I don't love you.（愛していない）と言うことは、限りなくI hate you.（憎んでいる）に近いということである。一つの言葉の否定は、対義語の肯定となる。善でないなら、それは悪を意味する。日本人の感情のように、愛してもいないが、憎んでもいないという価値観は認められにくい。それほどに、感情的な曖昧さは回避されているということである。

しかし、われわれは違う。善でもなく悪でもない価値判断や、好きでもないし嫌いでもない感情は、それ自体、立派に一つの独立した判断であり、感情であり、

「好きじゃないけど……、でも……、ウン……、どっちかっていうと……、そうね……、嫌いじゃないよ……」

などと女性から言われれば、もうしめたもので、その「中間」の態度の中にみだらを感じたりすることもある。

つまり、われわれは、これほど言葉が豊富でありながら、あるいは豊富であるがゆえに、実体のほうを、より重視しているのだろう。「そんなこと言わなくったってわかるでしょう」という姿勢での、実体の提示であり、相手の連想力への重視と信頼である。

それは甘えといえば甘えだが、単一民族だけがもちうる貴重な特典でもあるのだ。

「みだら」の語義しりとり

まず「なまめかしい」という言葉を選んでみよう。みだらの連想語である。

女性になまめかしさがあることは、みだらの構成要素として不可欠だからである。

まず最初にこれを和英辞書で見ると、チャーミングだとか、コケティッシュだとか、セダクテ

ィヴ（seductive）といった単語が出ている。まあなんと味気ない単語類だろう。

「なまめかしい」「なまめく」は、漢字で「艶めかしい」とか「生めく」と書く。そもそもは「生」のナマで、十分に焼けたり煮えたりしていないさま、その連想から未熟さ、不十分さを表わす。ところが日本人は、さらにそれからの連想を働かせた。つまり、チラッと見た目には未熟のように見えるが、実は十分に心用意があって、中身は成熟している、そういう様子がうかがえることが「めかしている」という語感で「なまめく」だというように。

広辞苑による「なまめく」の語義は次のようになっている。

①若々しくみえる。ういういしいさまである。
②しっとりと上品なさまが現れる。優雅である。
③物静かな情趣を呈する。奥ゆかしくしみじみした趣がある。
④何気ないように振舞いながら、気持をほのめかす。
⑤あでやかにふるまう。色っぽくふるまう。

つまり、なまめかしい女とは、若々しく、初々しく、シットリとしていて、上品で、優雅で、情趣があり、奥ゆかしく、しみじみしていて、趣があり、ほのめかしがうまく、あでやかで、色っぽい女、ということになる。ということは、われわれが「なまめかしい女がいるよ」と聞いたとたん、これだけのイメージが、無意識の中で連想されていることになる。

ということはさらに、このたった一つの「なまめく」という言葉にはそれだけのキーワードがあるということで、これを次から次へと芋づる式にたぐっていけば、膨大なイメージが凝縮されることになる。


例えば「ういういしいさま」とはどういうさまなのだろうか？

「物馴れぬさまである。初心《うぶ》である。幼げである」

では「初心」とは？

「生来のままで飾りけのないこと。ういういしいこと。世間ずれがしていないこと」

と、元の「ういういしい」に戻ったりする。

となると、なまめかしい女とは、あまりこてこてと化粧をしたり、ごてごて着飾ったりしていず、海千山千のすれっからしの雰囲気もない、という連想につながる。

派生キーワードの②は、「しっとり」「上品」「優雅」である。

「しっとり」は、「湿気を含んださま。おちついたさま。しとやかなさま」


ここで「濡れる」に近い「湿気」が出てきた。

なまめかしい女は、カサカサに乾燥していてはダメなのだ。湿度がなくてはならない。これは日本の自然環境がわれわれにもたらした本能的な欲求らしい。「しっとり」がもっと濡れると

「じっとり」となる。「じっとりと濡れる」は、濃厚な××××の表現である。

しっとりとした女は、同時に「しとやか」な女でもあることになる。そこでまた芋づるで「しとやか」を見ると、「言動・動作のおちついて上品なさま。性情のおだやかでたしなみの深いさま」ということである。

ここにも「上品」という言葉が出てくることは重要である。なまめかしさは（ということは、みだらさは）、上品な要素が不可欠なのだろう。なにが上品でなにが下品かは、勿論、時代によって変わるものではあるにしても。

次に③の「情趣」を見てみよう。

漢字だけで解釈すれば「情のおもむき」である。

「しみじみとした味わい。おもむき。情致」

情致とは、風情のことである。

「しみじみ」は、「染み」または「沁み」で、やはり水分が浸透するさまから生まれる。これをまた芋づるにすると「深く心にしみるさま」と出ている。心や肉体がドライだと、しみじみとした風情は出てこないわけだ。

もう一度念を押して言っておくと、こうした言葉はどれも英語にならない。辞書は仕方がないので、ある程度似た言葉を「当て語」のように載せているが、せいぜい「当たらずと言えども遠からず」程度である。

例えば、この「しみじみ」は keenly, deeply, fully, heartily などの言葉を載せているが、どれも似て非であり、こんな言葉をつかっていては、それこそしみじみした感じは醸し出せない。

つまり白人たちは、ハーティリーに話し合うことはできても、日本人同士と同じように、しみじみ話しこむといったことはできない、ということになる。また、実生活の体験からしても、そのとおりなのだ。どこかが、完全に違う。

なぜなら、われわれが「しみじみ」した感情に浸るときは、無意識に水分が浸透する感覚、感触を味わっているのである。相手の言うことに、いちいち「うんうん……」とうなずくとき、相手の心は水が染みこむように、しっとりとこちらの心を濡らすのである。

ということは、日本人と同質同量のみだらを白人たちが経験することも、ありえないということにつながっている。

次に「ほのめかす」。

日本のみだら、つまりなまめかしさは、ほのめかすものなのだ。

直截的で、積極的で、露骨な女性のアピールは、少しもなまめかしくならず、ゆえに、みだらも醸し出せない。これも決定的な差である。

「ほのめかす」は「ほのめくようにする。それとなく見せる。それとなくいう。におわす。諷していう」であり「ほのか」は、

①はっきり見わけたり、聞きわけたりできないさま。かすか。
②光や色が薄いさま。ほんのり。うっすら。
③ぼんやりと認識するさま。かすか。
④ほんの少し。わずか。ちょっと。

襟元にうっすら、ほんのりと紅のさす女性の風情はなまめかしく、みだらさを誘う。

次に「あでやか」。

これも英語ではチャーミングとかアトラクティブ（attractive）とかファッシネーティング（fascinating）などの単語しか当てはめられない。だが、日本語の「あでやか」の「あで」は貴《アテ》から来ていて、アテとは身分の高い高貴なことであり、みやびやかなこと、上品なことを意味する。そこから転じて「なまめかしいさま。濃厚な美しさ」という意味が生まれた。

またも上品という語感が含まれている。あでやかは、ただ単にチャーミングなだけではないのである。

派生した「みやび」を見てみる。「雅」と漢字では書く。
①宮廷風であること。都会風であること。優美で上品なこと。

②洗練された感覚をもち、恋愛の情趣や人情などに通じていること。風雅。風流。

では最後に（キリがないので）、「色っぽい」の色とはどういうものなのか？

色にははじめからおしろいとか化粧という意味もある。また、容姿の美しいことも「いろ」と言う。なんでも物事の美しいことを、日本人は「いろ」と言ったのである。髪の毛の美しいことも「いろ」と言う。

ものの趣も色と呼ぶ。愛情や、その対象になった人も色。なさけ、色情、情欲、情事、情人、恋人、遊女も、すべて「いろ」という言葉に含まれる。「色に出にけり我が恋は」の色。だから、「色っぽい」というのは、ただ単にセクシーだということではないのである。

ついでにもう一度前項の「ほのめかす」に戻って、その語義の中に「におわす」という意味がある。「匂い」「香り」は色と同じように、日本のみだらの重要な要素なのだが、それも決してどぎつい匂いではない。「短い言葉で思慕を匂わす」と言うように、日本人は言葉で心を匂わすこともできる。これも「ほのめかす」ことであり、自分の意志を露骨に表現する白人には、決してできない日本人の特技なのである。

ほのめかすを英語にすると、「ヒントを与える」という表現になる。

しかし、ほのめかしとヒントとは、まるで性質が違う。クイズ番組で「ほのめかしをお願いします」とは言えないではないか。ヒントは無機質だが、ほのめかしには香りもあり、肉感的な「おもむき」が不可欠である。

　さて、もう一度、味わってみると、日本のみだらとはなまめかしいものであり、それは若々しく、初々しく、しっとりとし、上品で、優雅で、情趣があり、奥ゆかしく、しみじみとしていて、ほのめかしがあり、あでやかで、色っぽく、ウブで、幼げで、世間ずれもなく、おちついていて、しとやかで、おだやかで、たしなみがあり、風情があって、染みこむもので、ほんのりしていて、うっすらしていて、ぼんやりしていて、かすかで、高貴な様子があり、みやびやかで、濃厚で、都会風で、優美で、洗練されていて、恋愛や人情に通じていて、風雅で、風流で、美しく、髪が綺麗で、化粧がよく、匂いがあり、香りがあり……、そんなものなのである。

　勿論すべての人が、みだらと聞いて、この全部の響き、ニュアンスを瞬時に意識的に連想するわけではない。だが、少なくともエロスとかエロチックとかセクシーとかファックとか聞いても絶対に含まれない語感が、みだらの中に潜在していることは確かなのである。

第3章
情こそみだらの本質

女性を奴隷化するファミリー

日本の男と女の本質についてである。

男と女は相対的なものだと考えられがちであり、確かに生物学的に見ればそうだろう。オスがあってメスがある。だが、人間に限ってそうではないと、私は思っている。どちらかが絶対的なのだ。

特にコーカシアンにあっては、男だけが絶対として存在している。女はその相対としては存在しえず、男プラスアルファのものに過ぎない。ボーヴォワールが言った「第二の性」は、その考え方に近いのかもしれない。女は女としてあるのではなく、男によって女にされる。

一般的には、男と女の優劣や上位・下位の現象は、社会の成り立ちにおける必然の結果であって、人間としての本質ではないと考えられている。つまり生物学的性別ではなく、社会的・文化的なジェンダーとしての「性別意識」だというように。結果だけを言えば、狩猟民族社会では男上位になり、農耕民族社会では女上位になる。

しかし、長く白人社会に暮らしてみて、彼らの中にある女性下位現象は、社会制度などとはかけ離れた、もっと血肉の中に眠っている根本的な人間性（男性性）ではないかと思えてくる。それほどに女性蔑視の伝統はキツイ。やはり血の滴《したた》るマンモスの生肉を手づかみでむさぼった彼らの万年単位で培った本性とでも考えないと、とても理解できない。

もっとも狩猟民族といっても、彼らの場合、単にケモノを狩るだけではなく、もっと広い意味の「富」のハンティングだ。

大航海時代やそれに続く帝国主義、植民地時代も、同じような男だけに許された「富」のハンティングだった。それは物質文明として、いまでも脈々と白人社会には生き残っている。富優先の営みの中で、女は男の付随物的存在でしかない。むしろ女は富を浪費する邪魔者ですらある。

一方、農耕民族のわれわれは、単に農作物を育てるだけではなかった。われわれが獲得したものは、一言で名づければ「人事文化」とも呼べる人間関係最優先の価値観だった。

一定の土地に定着して生きることは、富よりも「生活」優先の意識が育つ。富など最初から限定されているのだ。隣村を襲って略奪したところで、限度は知れている。狩猟が常に革新を目指すとすれば、農耕はどうしても保守的になる。一攫千金的な狩猟と根本的に発想が違ってくるのだ。戦うよりも仲良くし、女は気軽に××××する。無論、聖徳太子はそのつもりで言ったのではないにしても、和をもって最も尊いとする意味は、××××が最も尊い、という意味とさほど違わないと、私には思えるほどである。「狭いながらも楽しい我が家」といった昔の流行歌の文句のような発想の中では、当然女と××××の地位は上昇する。日本の男は伝統的に軟弱なマイホーム主義だったのかもしれない。

かもしれない、どころではない。実際、日本の男は白人男の前に出ると狼とウサギ以上の差をもった軟弱さである。そして、本質的にも伝統的にもフェミニストだった。ウソではない。日本女性の社会的地位は、ずっと高かったのである。

西欧社会は正反対だった。

確かに文明化した後の西欧社会では、重い荷物は男がもってやったり、女にドアを開けてやったり、食器を洗ってやったり、表面的には女をチヤホヤしているように見える。だが、そんなことは付け焼刃のジェスチャーに過ぎず、彼らの遺伝子の中に眠る女性蔑視はいささかも衰えていない。

それは例えば英語（各西洋語に共通するが）におけるビッチ（bitch＝雌犬・悪女）とかスピンスター（spinster＝紡ぎ女・オールドミス）といったような、ちょっと正確には日本語に訳せない、女性への罵詈雑言の単語の中に残っている〝雰囲気〟である。

日本語で女性を貶《おとし》める呼称は、せいぜい「アマ」程度で、それも実際は「尼」であり、「アマッチョ」などと言えば、あまり罵りの言葉にはならない。英語のビッチはもっともっと女を卑しめ、軽蔑した響きがある。第一、日本には女性を魔女視する伝統などもない。せいぜい舌きり雀の意地悪バーさんである。だいたいは結婚して「山の神」という名の神様にさえなってしまう。

これはいつまでたっても「アダムを罪に陥れたイヴ」の西洋式女性観の伝統とは、まったく正反対の発想なのだ。

もし女性蔑視と弾圧がそれほど深刻なものでなかったなら、フェミニズム運動など西欧で起きなかったはずである。それらの運動は、やむにやまれぬ白人女性の反旗であり、革命運動だったのである。

例えばレイプは白人間にあっては、日常茶飯の現象だった。日本語の「強姦」とはニュアンスが違う。レイプはもともと戦争における略奪や強奪、破壊などを意味するラテン語の「力でつかむ」の意味だから、「姦」という×××の意味は日本語より薄い。だから、ヨーロッパでは戦争が日常茶飯だったという意味でも、レイプは日常茶飯だったのであり、いまなおコソボとかチェチェンとかの戦火の中で日常茶飯なのである。

彼らは文字どおり、他の富を略奪するのと同じレベルと意識の中で、女性を略奪し、破壊してきたのだった。十字軍の時代から、こうした行為を正当化するのは、決まってキリスト教的な宗教観である。ビッチでウィッチの女は、破壊してもいいほどに罪をもつ男の根源的な「敵」なのである。

白人女性たちの女権拡張の歴史は、フランス革命あたりからぼちぼち始まって、そのさなかに『女性の権利の擁護』という本を書いたイギリス女性、ウルストンクラフトなどのフェミニストたちが頑張りはじめた。だが、それこそ蟷螂《とうろう》の斧だった。

彼らの社会の徹底的で根本的な男尊女卑の思想と実態は、文明の大転換でもない限り、永久に変わらないだろう。文明の大転換とは、簡単に言えば、キリスト教を完全に捨て去る、ということである（そんなことはありえない）。

なぜなら、キリスト教とは、彼らの本質である嫉妬と憎悪を基底にして成立している宗教であり、その実体の具現である白人社会とは、基底に戦争というものが不可避な人間関係の中に構築されていて、その戦争を支える基底は国家であり、さらにその基底が家族だからである。そしてさらに、家族の基底はなにかと言えば、それは生まれてくる子供を私有するための、女性の奴隷化なのだ。

キリスト教が仲介し、神の名において契約する結婚は、そのためのものである。女性は、その宣誓において、男へのオベイ（服従・隷属）を誓わなければならず、それが家族、ファミリーを形成する根本となる。

つまり、ファミリーというものが完全に解体しない限り、女性の真の解放はありえないのである。

現今の西欧物質文明が続く限り、女→出産→奴隷化→家族→国家→戦争→文明の構造は、変えたくとも変えようがない。

いまは日本もその西欧文明の流れの中に組みこまれていて、国家が「公然猥褻罪」などの刑法によって性に介入するのも、いわゆる健全なる家族の崩壊は、根本で国家の解体につながるからである。日本も西欧の先進国にならって、彼らの戦争を前提とした文明の核ともなっているこのファミリーを、なにがあっても解体させてはならない。

そして、御存知かとも思うが、ファミリーの語源は「奴隷集団」であり、それに相当する漢字の「家」も、屋根の下に私有財産の象徴である「豕」（豚）が書きこまれているように、意味するところは奴隷集団と同じに男の財産なのである。

確かにいまは、経済的条件の変化にともなって、この図式は崩れかかっているかのようにも一見は見える。

非婚の風潮は世界を風靡しはじめているようだし、離婚の増加は止まるところも知らず、外見は自立した女性の勝手気ままな人生も普遍化しつつあるようにも見える。

だが、それは絶対多数の現実とはほど遠い。それらはアメリカの大都市文化が中心となった、マスメディアの一時的風潮の過剰宣伝である。アメリカ中、旅をしてみればいい。ちょっとでも地方に行けば、どれほど保守的なファミリーが、いまだにマジョリティを構築しているか、驚くにちがいない。なにしろ、人間が猿から進化したとするダーウィンの進化論を否定し、学校でも教えないような、超保守的な地方都市が大真面目に存在する国なのである。

ヨーロッパの絶対多数も同様である。フランスはヨーロッパの中でも最も人間性の点で進化した国と国民だと私は信じているが、それでもパリから一歩でも外に出れば、そこにあるのは昔ながらの田園風景であり、そこに暮らす旧態依然とした家族である。

もし仮に、マスメディアの家族崩壊の扇動的報道が、真実の彼らの動きを報じているのならば、それは即キリスト教が消滅する方向に動いているということにほかならない。御同慶の極みである。しかし、ことあるごとにローマ法王がバチカンのバルコニーに立ったり、最近のように世界を巡歴する際に集まる大群衆の俯瞰映像や、その人々の陶酔のクローズアップの表情などを見る限り、御同慶はぬか喜びに過ぎないことを実感するのである。

ゆえに、セックスをはじめとした人間の営み一切の中で、コーカシアンとその隷属植民地化した国家の人々が、動物たちの世界と同じように、完全なバランスの上での自然な男女の相対関係を確立することは、たぶん未来永劫ないのではないだろうか。

日本人が絶対にできない「忍び寄り」

日本は違っていた。

日本文明だけが世界中と違っていた。

男と女の関係が根本から違っていた。だからこそ、そこから日本の素晴らしいみだらと、それを支える女、そして日本の×××が生まれ育った……。

ということは、もう少し後で書く。

今しばらくは、日本文明を抹殺しようとしている西欧文明について続ける。

つまり、むこう様の××××の本質である。

忍び寄る、ということを考えてみた。ヘンな話だが。

また映画の話である。『ブレイブハート』という、メル・ギブソンの主演映画があった。十三世紀のスコットランドの英雄、イングランドの暴虐無残な征服に勇敢に立ち向かったウィリアム・ウォレスの実話を元にした話だったが、それはこの際、関係なく、その映画の中の一場面が、妙に私の神経を刺激した。

どういうシーンかというと、この主人公を演じたギブソンが、森の中で鹿を狙って忍び寄るシーンである。向こうに鹿がいる。彼は弓に矢を番《つが》え、腰を落とし、そろそろと近寄ってゆく。なんということもない場面なのだが、その姿が私には白人の原型の姿に見えた。

こういう忍び寄りの姿勢というか、身構えというか、一種のテクニックをもった日本人はいないのではないだろうか、と思った。少年時代から私も狩猟好きな父に従って、伊豆の山々など、雉《きじ》や山鳥、もっと以前は熊やウサギを狙った猟に参加した経験があるのだが、日本の猟師がこのような歩き方をしているのを見たことがない。

この場面のギブソンこそ、狩猟民族の末裔だ、と私は直観した。それは演技などを超える（第一、そんな動作は演技のうちに入らない）、ほとんど遺伝子、ＤＮＡが無意識によみがえらせる本能的な動作なのだ、と直観した。たぶん人間が、動物に対してとれるもっとも狡猾な基本的な動作だろう。音をさせないようにとか、匂いの伝わらない風下から近づくとか、そういう頭脳的な計略もさることながら、もっと本質的な「屠殺」の姿勢である。それはもう人間対動物というより、動物同士の「殺し」の本能が鍛えあげた、弱肉強食の基本なのだ。あるいはアングロサクソンやスラブ人たちのもっている「剽悍《ひょうかん》さ」（すばやくて強いこと。荒々しく強いこと）の核心的な身構えでもある。

なによりも心に残ったことは、それを二十世紀に生きている現代人の役者が、ほとんど意識なく、再現できているという点だった。役者であろうとなかろうと、こうした白人の遺伝子は、血になり肉になっていて、いついかなる時でも再現できる。

彼らの好戦性、屠殺性、つまり狩猟性は、いささかも消えていない（ならば、日本人の農耕性も、なに一つ消えていないのも当然だ、とそのとき同時に考えた）。

忍び寄るは英語でストーク（stalk）で、「堂々と闊歩する」というまったく相反する意味もある。またこの言葉は「盗む」のスティール（steal）と親戚語で、語感も共通する。なぜならこの言葉には「忍びこむ」という意味もあるのだ。

動物であれ、人間であれ、相手に忍び寄って殺すなり盗むなりする行為の底にあるものは「駆け引き」だと、そのシーンに触発されて悟った。

つまりダマシと狡猾性の本能で、この場面で言えば、獲物の鹿をいかにだまして悟られないように近づき殺せるかが、そのテクニックの根本にある。「慣い性になる」で、長い年月を狩猟に明け暮れた彼の地の男どもが身につけ、第二の本性、本能の研磨のように修得したものは、このダマシ、駆け引きの「狡猾能力」なのである。

もっと端的に言えば、われわれ農耕民族がもっていない「嘘をつく能力」ということにもなる。日本人は、世界でも際立って嘘をつくのが下手な民族で、嘘合戦のような国際間の外交で、常に後れをとるのもそのせいである。

なぜそんなに下手かと言うと、神代の時代から農耕を支えた「村」という、極端に狭い生活環境では、嘘をついてもすぐバレてしまうからだ。商取引というものも村の中にはなく、アメリカ仕込みの狡猾な「ノーキョー」が育つのはずっと現代になってからで、政治経済の命でもある駆け引き技術も、忍び寄る技術も遺伝子の中に組みこまれることなく来てしまった。

日本人の中に犯罪性が希薄なのも、この駆け引き（嘘、ダマシ）のない「村文化」の賜物で、いまでもちょっと田舎に行けば、鍵もかけずに家を空にできる。犯人がすぐ割れてしまうような狭い共同体の中では、ストークする人もスティールする人も生まれにくいからである。

小さな共同体社会では争いごとがいたって少なく、あっても村八分程度で処理できる範囲であったために、嘘をつく動機も少なく、どっちみち誰もが同じように貧しく、身分差や階級もなく、嘘をついてもたいしたトクになるようなことがなかった。貧富の差が少ないということは、欲も深くならず、その源泉である嫉妬も育たなかった。「花さか爺」のように、欲深爺さんはすぐ失敗する運命にある。

だが一方、ユーラシア大陸にあっては、常に異質の多種多様な民族がひしめき合い、日夜緊張のしどおしで、そこから嘘も駆け引きもダマシも育っていった。

白人社会は（中国人の「南京大虐殺説」も同様だが）、大嘘つき社会である。

戦争とは、お互いに嘘をつかなければ遂行できない性質をもっている。

日本では「嘘は泥棒のはじまり」と言われるが、白人社会では戦争のはじまりである。

そこで彼らには、常時、巨大な鹿に忍び寄るのと、根本的には同じ姿勢、身構え、動作が不可欠なのだ。彼らの中では、嘘と戦争は「割に合う」のである。ただし、勝たねばならないし、だましおおさなければならないが。

嘘は、自己防衛《セルフ・ディフェンス》の要素も多分にある。オーストラリアに暮らし、妻と私がどれほどそれに泣かされたことだろう。ここでは嘘を見破れないほうが悪いのである。前もってそれに対する自己防衛をしていないほうが、自業自得の責を負う。あるいは単なるアホーになる。

例えば家の中の改築で大工を選ぶとき、自分は誰よりも上手で、安くて、早いなどと売りこんでくるのは、たいがい大嘘である。誰よりも下手で高い、と思ったほうがよい。そのうえ途中で仕事をほっぽらかして、女房が病気だとか嘘をつき、材料費の前金だけとってドロンする。

それに対抗するには、早くて出来が良ければ賃金を二十パーセント増しにするとか嘘を言い、あとで難癖をつけて値切るしかない。

嘘には嘘をもって対抗するしかないのである。

日本には内戦というものがほとんどなかったから、日本人は嘘を多発するほど卑屈にならずにすんだ、われわれは高貴な民族なのだ、などと言ってみても、国際社会の中で生きる限り、負け惜しみに過ぎない。それでバブル崩壊後、どれほどの日本の大企業が、彼らの嘘に負けた結果の悲惨な（大損の）裁判沙汰に巻きこまれたことだろう。

白人社会は、ソロモンの裁判のように、旧約聖書の時代から裁判の話はつきもので、西欧文明は裁判から始まったと言っても過言ではないのである。白人の裁判所は、忍び寄り合戦の場なのだ。古事記や日本書紀にそんな裁判の話などない。

それと××××とどう関係があるのか、などと焦らないでほしい。

十分関係がある。彼らを取り巻いたきびしい自然環境の中で、物質獲得は、獲物としての鹿の獲得と同様、駆け引き、嘘、ダマシと不分離の関係であり、女は男にとって物質と変わりない存在だった、ということだけで、関係の概要は想像できるはずである。

女性獲得は、鹿を仕留めるのと本質的に同じことで、略奪結婚が伝統の古代から、狡猾、剽悍以外の才能からでは無理であり、その能力のない種族は、どんどん淘汰されていったのだった（『略奪された七人の花嫁』というアメリカ映画は、その辺の事情をミュージカル喜劇に仕立てている）。

日本との比較をもう少し書く。

日本人が嘘つきでないもう一つの大きな原因は、われわれの中にオソレ（恐れ、畏れ、虞れ）のココロが強かったからでもある。

基本的にアニミズムのわれわれの神様は、近所中、そこかしこにいる。「神様のバチ」は、子供のときからの身近な観念である。いつでも、すぐそばで神様はご覧になっているのである。祖先の霊も近いし、タタリを降す怖い霊もすぐ隣に住んでいる。神は岩にも木にも水にも、いたるところにいる。

ところがキリスト様をはじめ、一神教の神は、そんなに近くにはいない。せいぜい教会の中くらいだ。白人の善男善女が、教会の中と外とで、どれほど豹変するか、一度実体験してみればいい。まるで別人である。ジキルとハイドである。教会の中で懺悔《ざんげ》さえすれば、罪は許されるという概念が、もうすでにわれわれ日本人とは縁遠い。不貞、姦通の罪も、懺悔室の管轄となる。

しかも日本では（ここが重要だが）、そこらじゅうにいるヤオヨロズの神々の仲介者が、女性だったのである。神託は、バチを与えることをも含め、女性がスポークスマン（ウーマン）となった。浮かれめも、そのメンバーから派生した。

ホラ、だんだん話が××××に近づいてきたではないか。

高群逸枝の説によれば、日本で最も理想的な男女の関係は、政治的支配者としての女性（つまり卑弥呼のような神託エキスパート）と、その補佐役としての男性の関係、また、姉と弟の関係で、その典型が、アマテラスとスサノオの関係だそうである。なによりも留意してほしいのは、そういう男女関係では、男のほうの嘘も駆け引きも、忍び寄る姿勢も成立しにくいということである。いや、ぜんぜん不必要である。

西欧社会における家畜と女性

ちょっと話がまた××××から遠ざかるようだが、家畜の話をする。

白人の歴史では、女性は男性の家畜に近かったということを念頭に入れながら読んでほしい。日本人でも勿論、家畜を多数飼っていて、それを生業《なりわい》としている人も、明治以降は数多くなった。ところが、それ以前、日本には家畜というものが厳密（西欧的な意味）にはなかったのである。

この人間と家畜の関係、さらにそれを「屠殺」する実態は、経験している人でないと、わかりにくい。ペットとして飼ったりすることを言っているのでは無論ない。食肉用として動物を飼い、殺して食べる。それも食肉業者、供給者としてビジネスにするのではなく、自分と自分の家族のために牛や豚を飼い、それを自ら屠殺して解体し、料理して我が家の食卓に乗せるという、最も原始的な意味での経験のことである。

近代人の都会生活者など、一度これを経験すると、人生観が一変すると思う。第一、やれと言ってもできないだろう。さっきまで餌をやっていて、飼育していたニワトリの首を締めて、食べてしまうという程度のことは、日本の農村でもさほどめずらしいことではないが、大きな牛一匹となると、相当度胸がいる。いや、ニワトリ一羽でも、慣れてしまうとなんということはなくとも、はじめてこれをやると、やはり人生観が変わる。

日本で食肉用として牛や豚が飼われだしたのは、勿論、明治以降で、それまでは牛乳を飲む習慣もなく、牛馬は農耕用か、牛車や、武士たちの戦闘用につかわれていただけだ。

しかし、当然のことながら、狩猟民族は全員屠殺が専門職みたいなもので、遊牧民族にとっても家畜動物の屠殺は生活の一部である。実はこれは相当恐ろしいことなのだ。

屠殺は英語でスローター（slaughter）と言う。和英で見ると、屠殺のほかに畜殺とか、大規模な虐殺、殺戮、などの日本語を当てている。われわれは「屠殺」と聞くと、動物にしか当てはめない。しかし、スローターは立派に人間にもつかえる言葉なのだ。半分日本語にもなっているナチスのホロコーストも、屠殺なのである。

なぜわれわれにトサツという語感が、人間にも当てはまらないのか。

それは動物と人間のあいだに、あまりにも感覚的な差がありすぎるからだと思われる。仏教的な感覚では、万物みな平等だが、一般的な日本人の罵りの言葉が「チクショウ」だったり「畜生にも劣る奴」と言うように、人間は動物より数段尊いものであるという観念が濃い。

しかし、コーカシアンのように、何千年も、いや、何万年も、動物も人間も同じように殺すことが日常的になっていて、その点に関する神経も麻痺し、遺伝子的な習性になってしまうと、人間にも動物にも同じスローターという言葉をつかうのが、さして違和感もなくなるのではないか。殺すという行為に対して、人間も動物も差がなくなるのである。

農耕民族の遺伝子をもつわれわれが、個人として一匹の牛を殺すのも、大変な仕事である。それだけの体力も足りないし、神経も弱すぎる。銃をつかって殺すのも相当なものだが、昔の（いまでも）遊牧民のように蛮刀一本で牛や羊の首を打ち落とすことは、まず不可能だろう。

御存知のようにサッカーという球技の起源は、敵兵の打ち落とした生首を蹴りあって遊んだことから始まる。それを相手の村に蹴りこむのである。日本の戦国時代の磔《はりつけ》は、キリスト教伝道者から得た十字架の知識が影響していて、それまでにはなかった。

屠殺とか殺戮とかいう語感は、彼らとわれわれではあまりにも違いすぎる。

人間と屠殺を前提とした相手（この場合は家畜）との関係は、一度経験すればわかるが、屠殺する側の絶対的な優位性を根本から培う。そのときはどんな端くれ人間でも、王者と寸分たがわぬ精神状態をもてる。

人生観が変わると言ったのもその意味で、家畜を見る目がぜんぜん違ってしまうのだ。「生殺与奪の権」という言葉があるが、つまりは「どうしようともこちらの思いのまま」という語義の真の意味は、一度自分で屠殺をしてみないとわからない。頭で想像しても、わからない。それは、もう、なんとも言えない、絶対の絶対性をもつ優位感である。しかも、そのうえに、もう一つの要素が加わる。それは「手なずける」という感覚の把握である。つまり制圧感である。これはもう半分以上神になった気分に近い（白人男は、女を完全に手なずけてしまったのだ）。

明日殺すか殺さないかはオレしだいだな、と思いながら牛を見る人間の目つきは、

「明日は刈り入れすんべえか」

と空模様を見上げる農民の目とは、根本的に違うのである。なぜ屠殺が彼らの第二の天性になってしまったのか。

自然環境である。エジプトのカイロでコップ一杯の水を雨から溜めるには四年かかる。そんなことは現実起こりえないが、年間二十五ミリの降雨量から計算するとそうなる。考古学から証明されるところによると、現在の気候状態は、八千年前から変わっていないそうだ（以上、新津靖『環境からの発想』講談社参照）。

開墾がかなり進んだ十二世紀のパリの北、ヨーロッパでも最も肥沃なその土地にあってさえ、毎年四人に一人の餓死者が出ていた。

日本の収穫量は、播種《はしゅ》量の数十倍から百倍だが、十八世紀のヨーロッパでは、よくても八倍だ

った。

有史以来、ヨーロッパでは大きな戦争だけでも毎年三回の割合で起きていて、ユダヤ人がパレスチナに移住した紀元前一八八〇年から、リンカーンが暗殺された一八六五年までのあいだに約一万回の大戦争が起きている。

人間を養いうる土地は、一平方キロ当たり、日本では米によって二百六十人だが、中近東では最高二十人、ヨーロッパは百人、インドが百六十人である。

単位面積当たりでとれる米のカロリーを一〇〇とすると、ジャガイモは八四、麦は五八、動物の肉はたったの四である（米がとれないということは決定的なことだ）。

植物であれ肉であれ、食料になるものはすべて太陽熱（エネルギー）の蓄積である。単位面積での牧草は、そこに落ちる太陽の全熱量の〇・一パーセントを保有する。その牧草を牛や羊に食べさせ肉に換えると、〇・〇一パーセントとなる。これで計算すると、肉を主食とするためには、稲田の約十倍の牧草土地面積が必要となる。米は太陽熱の最大効率の利用法なのである（ヨーロッパの冬には太陽はほとんどない）。

一ヘクタールの牧草収穫高は生草でイギリス、アメリカは十四・四トン、フランスは二十トン、日本は三百トンである（以上、会田雄次『日本の風土と文化』角川書店参照）。

なんだかますます××××と遠ざかるが、そうではない。

××××は、自然の恵みであり、人間を取り巻くあらゆる環境と関係する。

さて、それほどきびしい自然環境で歴史を過ごしたコーカシアンである。

その生存競争の担い手は、男性であり、男性だけだった。女性は足手まといに過ぎなかった。古代ローマ時代、生まれてくる女の子は成人するまでにどんどん殺された。日本の水子には、性差別はない。第一、どっちみち奴隷化する女性を「不要」とする感覚は、貧困ゆえに処分し、後に手厚く涙ながらに供養する感覚とは、まったく違うものである。

家畜と屠殺の歴史とそれが培った概念は、ヨーロッパにおいて、女性を男性との相対関係には置かなかったのだ。

自然が育んだ日本人の「十全性欲」

それに引き比べ、日本だけは違った……、とやっと元の話題に戻る。

なんとわれわれは恵まれた男女関係をもっていたことだろう。

性欲というものに、本来の人間的な「完璧な性欲」があるとして、それを長いこともちえたのは日本の男女と、あとは南海の孤島のアイランダーとか、孤絶した場所に住むごく限られた人間だけだった。だが彼らとて、日本人ほどの「十全（完全無比）性欲」をもちえない。年がら年中暑くて、気候変化に乏しいところでは、性欲もモノトナス（単調で、変化に乏しく退屈）なものとなる。やはり豊かな四季の移り変わりと、豊かな湿度（水分）がない限り、十全性欲は生まれないのだ。

真夏の蚊帳の中、蚊取り線香の香りをかぎながらの××××と、冬コタツの中でいちゃいちゃするのとでは、まったく違う。

そうした風情の差があるのとないのとで、そもそもの男女の性欲の生まれ方が根本から違うのである。となれば、その表現・表出である「みだら」が違うのも当然なのだ。

この性欲の発芽（発情の最初の生まれ）の仕方が違うことは、みだらの根本問題なのだ。西欧の猥雑と日本のみだらの違いは、単に結果として現われた様式だけの問題ではない。その核となる性欲の生まれ方が、最も大きな違いなのである。

キーは女にある。性の発情者は女にあるとは、よく言われることで、きわめて正しい。「女が家族性（家庭性）を離れ、超えたとき、メスとして発情したとき、男との性の同志となり、真の一体化ができる」と、高群逸枝も書いている。

男の性衝動は、記憶や連想や誘惑などの外界からの刺激を受けて、はじめて起こるのである。簡単に言えば、女しだいなのである。そして、女が女としての自然の「内命」を受け、それに従ってメスとしての激しい色情を発したときにのみ、男のオス性も自然発動するのだ。

「真の性愛同志こそ、真の全人的同志となれる」と、これも高群逸枝の言葉である。肉体と肉体を真に一体化できる人間のみが、ココロとココロをも一体化できるという意味である。

それでは、真に肉体を一体化できるような性欲の発芽はなにによって開始されるのか。

白人たちにおいては、単なるホルモンの発芽に過ぎない。

三年ほど前にアメリカの週刊誌『タイム』が、そのことをかなり詳しく特集し、科学として完璧に証明してみせた。彼らの性は、恋愛を含め、すべてホルモン分泌によって説明ができ、西欧ロマンスの神話は根底から否定されてしまった。ロミオとジュリエットも、ただ単にホルモンを分泌しあっただけだったという、なんとも味も素っ気もない結論なのである。

だが、日本人の×××の発芽は、ホルモン、プラス、情なのである。いや、情が主導権を握っていて、ホルモンはそれの付け足しみたいなものだ。なくとも×××もみだらも成立する。

情は、日本人のみがもつ、特殊な「知性」と解釈していいものである。

完全に知能《インテリジェンス》に対応される知性《インテレクチュアル》なのだ。

情は、ホルモンの分泌とは無関係なものだと私は信じて疑わない。なぜなら、性ホルモンが出なくなった老人にも、情は残るからである。「情念」と言われるものは、なにも若者のみがもつものではない。むしろ人生経験の豊かな日本人（更年期障害を終えた女でも、勃起などまったく無縁となった男でも）がより深くもてるものなのだ。情は「業」でもある。禅の一休和尚など、そのカタマリだった。

高群逸枝の言う女の内命とは、女の「情」（性に対する業）のことだと私には解釈できる。業の深い女の××××は、みだらの源泉みたいなものだ、と。

情が日本女性の性欲の出発点、発芽点、マグマの核だという解釈である。ただし、この性欲とは、白人文明に汚染された後の即物的性欲ではなく、あくまで、本来の日本女性がもっていた伝統的な性欲、すなわち「みだら性欲」「十全性欲」のことである。

そうでなければ、性交を意味する日本語に「情交」とかいう言葉は生まれないはずだし、「発情」も「色情」も、言葉として生まれえない。発情は「発ホルモン」ではないし、色情も「色ホルモン」ではないのである。

そして、この「情」という言葉ほど英語その他の外国語になりにくい言葉もなく、愛情、多情、痴情、肉情、劣情、交情、春情、人情、薄情、慕情、欲情、恋情と、多少なりとも×××に関係するだけでもこれほどの情のつく言葉があり、それ以外に情のつく言葉は、数えきれないほどある。日本人にとっては、なんと「欲」ですら情なのである。

仮にこの日本人独特の「情」を、和英辞典ふうにフィーリングとか、センチメントとか、エモーション、アフェクションなどと同じだとしてみても（絶対に同じではないが）、エクスチェンジ・オブ・センチメントがファックになるものでもないのである。この「情」と英語の対比については後で詳述する。

情を「なさけ」と呼べば、それはもう日本人の恋ココロそのものであり、「なさけを売る里」と言えば遊里、遊郭のことであり、「なさけに刃向かう刃なし」という諺もある。さらに「情けを交わす」のは情愛を交わすことで、××××の実践に近い。「情けを知る」という深い意味は、男女の情愛に通じていることで、いわば×××の真髄を知ることでもある。「醜女の深情け」とか「今宵一夜の徒情」などというい きな言葉もある。両方とも×××のことだ。

いかに日本の×××が、情とかなさけと一体のものであることか！

では、なさけと情はなにから生まれたか。

無論、自然環境である。しんみり、しっとり濡れる湿度、水分の自然である。四季は情なのである。「春情」がそれを示している。言葉として確立はされていないが、日本には夏の感情も、秋の感情も、冬の感情もある。それはそれぞれ×××と直結しているのである。日本女性は、その体現者としての内命を神々から与えられている。

会社になど行かず、×××に励め

コーカシアンたちも父系家族制度の確立される以前は、群の中心《ムレ》は女性だった。

もしかすると、日本の「春情」ではないものの（ヨーロッパの春は日本のように美しくない）、ある程度の「情」は彼女たちももっていたかもしれない。

だが、すでに原始と呼ばれる時代に、彼らはその関係を抹殺してしまった。私有財産が生まれ、部族同士の奪い合いが始まり、なによりもその確保と持続が最優先の問題になり、相続問題が起こり、嫡子をはじめとする労働力が不可欠となり、女は出産道具となった。出産道具が、自然の内命のまま激しい色情を発せられるわけはないのである。

前に書いたように、室町時代まで日本女性はムレの中心のまま存在した。

歴史的時間からすればつい最近までである。

その後、われわれはコーカシアンの後をひたすら追っている。つまり「金に魂を売る」のではなく「金に性を売る」路線である。現在の精子の数が極端に減少している男は、経済、金儲けのために精子を売ったのである。バイアグラで救済できるような問題ではない。もっと根本が問題なのだ。

もしこれからの若い日本人が、白人の後追いをやめ、金儲けにさく時間（会社にいる時間）をみだらの時間にすべて置き換えれば、室町時代の日本人の性欲はすぐ戻ってくるにちがいない。なにしろ何万年も培った遺伝子のみだらは、そうやすやすと消えるものではない。

と、思いたい。

まったくいまの日本人はせかせかと万事に余裕がない。余裕のある×××のみが、みだらをつくる。海外旅行も長くて一週間で帰ってしまう。白人のセンスでは、ホリデーとかヴァカンスとは数カ月、短くとも一カ月単位だ。日本の××××も、この感覚がないとみだらの達成はできない。最低一月、会社など行かず、好きなもの同士、朝から晩まで××××のことしか考えないで、みっちり励む。濡れに濡れる。そうすれば、室町までは戻れなくとも、江戸時代の好色くらいはとり戻せるだろう。

そんなことをしていたら、日本は滅亡すると言うかもしれない。

冗談言うな、どっちみち滅亡しているではないか！

これは大真面目な反論である。貧乏になり経済的には三流国になろうとも、人間としてのココロの一等国を失うより、ずっとましである。いまの日本は、そのどっちも失っている滅亡なのだ。昼間は金儲けに血道を上げ、暗くなってから慌てて芸者を買ってみたり、バーやクラブに繰り出して女アサリしても、みだらは失われるばかりである。それは白人並みの「猥雑」さであり、みだらは××××をたっぷり時間をかけ、磨きに磨いた末に醸し出される。

みだらは家庭料理と同じである。不思議なもので、料理は手間ヒマかければかけるほどうまくなる。女房などが時間に追われ、せかせかとつくった料理は、かならずと言っていいほど、まずい。なにかとりたてて意識的な工夫を加味させないでも、時間をかけるということが、即、工夫と同じ効果をあげるのだ。せっかちな××××は、インスタント食品並みの味しか出ないものである。

これは後に述べる「いき」の構造と同じことなのだ。

「三千世界のカラスを殺し主と朝寝がしてみたい」

先日オーストラリアの国営テレビで、日本の芸者を特集したドキュメンタリー番組があった。そこに、自称「通」の遊び人、つまり芸者を買う旦那衆が、何人か登場し、もっともらしい解説（遊びの自慢話）を行なっていた。下司である。下卑ている。アホである。見ていて恥ずかしくもあり、腹も立った。こんな男たちが、日本のエロスの代表などとガイジンに思われたら、たまったものじゃない。冗談じゃない、彼らにみだらのなんたるかなどわかるはずはない。それこそ昼間は金儲けに目の色を変えている連中である。

みだらな男女とは、もっと知性と心身ともの余裕がある人間たちである。

知能ではない。知性である。

万葉の浮かれめにも知能はなくとも知性があった。和泉式部にも、紫式部にも、彼女の分身である源氏物語の光の君をはじめとしたすべての登場人物にも、知性があった。在原業平《ありわらのなりひら》にも、小野小町にも、知性があった。更級日記の作者にも、いや、前述した近松の作品に登場する男女、曽根崎心中の徳兵衛にもお初にも、悪役の久平次にすら知性はあったのである。

例えば、こうした近松の作品に描かれる日本人の知性とは、男気とか女気と呼ばれるものであったり、同性同士、あるいは異性間の義理や人情という知性である。それらが交差し、絡まり、そこにみだらが生まれる。確かに日本のエロスとも表現できるが、狩猟民族、屠殺指向のエロスとはまったく違う。それは「歌のココロ」のエロスなのだが、エロスには歌のココロなどない。

「三千世界のカラスを殺し主《ぬし》と朝寝がしてみたい」

と歌えた高杉晋作には、知性があった。

余計な解説を若者用にすれば、三千世界とは仏教で言う全宇宙的な世界である。一夜情を交わしているうちに、朝はあっというまに来る。まだ性のけだるさの中に素肌を寄せ合ってとろとろしているというのに、とたんにカラスが鳴き出す。そのときの妙にせかされているような、白々した気分を実体験として御存知だろうか。特に遊女の身になってみれば、男はまもなく起きだして、仕事や女房などのところへ帰ってしまう。

そういう「あはれ」で「をかし」の情の状況を高杉は女の身に託し「地球上のカラスを全部殺して、主(=あなた)と静かにゆっくり寝ていたい」としたわけで、こうした女心にも精通したような繊細にして洒脱な知性をもった男であってこそ、遊里に「居続け」(流連)する資格があるのだ。

くだんの京都に跋扈《ばっこ》する下司旦那衆は、そんな学はオレにはない、などとほざくかもしれないが、知性は学ではない。学は知能である。学は顔には現われないが、知性は顔に現われるのである。いい顔をした男女が日本から消えているということは、すでに日本が滅亡している証拠なのだ。

歌心こそ、日本人の知性の根源だった。万葉の時代、誰でも歌が詠めた。学のない農夫でも漁夫でも、遊女でも、市井のオカミさんでも歌が詠めた。

いまこの時代、みんな和歌を詠めというのはフィットしないかもしれない。私もそんなことを望んではいない。せめて、知的な、知性的な話が、男と女のあいだでできるか、ということだ。週刊誌的な情報交換でなく、人の噂話でなく、自分や家族の自慢話でなく、あるいは愚痴でなく、例えば、自分の家の猫の額ぐらいの庭に咲いた小さな花がどれほど美しいかを、いかに的確な形容詞や、比喩をつかって、相手と語り合えるか、ということである。それが歌ココロの知性なのだから。

連想の結晶が日本のみだら

日本人は口下手だというのはウソである。

日本人は本来、実に会話の巧みな民族だった。古典を読んでもそれがわかるし、例えば為永春水の人情本などを読んでも、江戸時代の男女がいかに洒脱で巧みな会話を交わしていたかがうかがわれる。

むしろおしゃべり過ぎるので、それをいましめる禅的発想で「男は黙って……」というような発想が生まれたくらいだ。いまでも同じで、それは終電車の中のサラリーマン同士や、夜の居酒屋での会話の、いかにかまびすしいかでもわかる。だが、彼ら彼女らのそのうるささは、大体が同僚のゴシップか、上役の悪口か、自己顕示としての自慢話か、それが報われていないことへの愚痴、鬱憤晴らしが大半なのである。そのためだけに、男女とも口角泡を飛ばし、とどまるところを知らない。

いかに日本人から知性が失われたか。その分、いかに日本からみだらが失われているか、嘆くに嘆けないほどなのだ。夜酒を酌み交わすのはみだらのためであって、上役の悪口にさくためではない。

とにかく日本人が会話下手だというのは間違っている。これだけ豊饒なコトバがある国である。それをつくったのは、すべて日本人の知性だった。本質的には、シェークスピア以上の、バーナード・ショー以上の、ニール・サイモン以上の会話ができる民族である。ただ彼らとの違いは、先方は「理」に裏打ちされた会話をし、われわれが「情」に裏打ちされた会話をしたことである。いま、ろくな会話ができる日本人がいなくなったということは、われわれが「情」を失ったからである。

人情が情であることは一目瞭然だが、実は「義理」も情なのである。「理」という字がついてはいるが、決して白人的な理ではない。その他の日本人の価値観「もののあはれ」とか「わび」「さび」「をかし」も、モトのモトは情に裏打ちされたものである。情を抜き去ってしまった日本人は、もぬけのカラ、空気の抜けた風船に過ぎない。

芭蕉の句にもみだらを匂わす情の句はあるが、蕪村にもある。

うすぎぬに　君が朧《おぼろ》や　蛾眉《がび》の月

色も香も　うしろ姿や　弥生尽《やよいじん》

ネ、もう君にはこれがみだらに響かないでしょ。

縁側から月の光が射しこんでいる。三日月である。それに照らされ、薄着の女の素肌は透けて見えるように朧に光っている。その女の顔は定かには見えないが、三日月形の眉をした人、すなわち美人なのだ。女はすでに濡れている。朧の中に淫情が伝わる。ああ、抱きたい。抱こう……。

弥生尽とは旧暦三月の終わりの日のこと、つまり今日で春も終わる。去ってゆく春は後姿である。それを見送る目や鼻に、美しい女が立ち去るときの色や香りが二重写しになる。なまめかしい愛液の香りも漂ってくる。どちらも追いすがりたい今日最後の春情である。後ろから抱きしめて、さあ、やろう、人生は短い……。

これこそが、「十全性欲」の発芽点なのである。

情の結晶でもある歌心に、みだらが宿る。情の結晶は、連想の結晶でもある。

連想こそみだら性欲を産みだす核、すなわち日本人の知性である。

豊かな四季情→歌ココロ→連想→日本の知性→十全性欲の発芽→女の内命→みだら

これが日本のみだらの本質なのだ。

NHKのニュースで気づいた日本人の声の中にこめられたもの

ついでに書いておきたいことがある。少しわかりにくいことかもしれないが、まあ、これも日本の×××と関係が深いので、読んでみていただきたい。

わかりにくいかもしれないという意味は、それが実に感覚的な個人体験だからである。

ある朝、こちらの国営テレビ放送局SBSのスイッチを入れた。すると突然、日本のNHKのニュース番組が映し出されて驚いた。早朝から、世界の主要国の前の日のニュースを転送画像のまま順番に放映していること、NHKの番が五時半からだということは知っていたが、そんな早い時間、めったに見たことがなかったのだ。

で、何年ぶりかで続けて見ていたのだが、そのうちになんとも奇妙な気持ちになってきた。身体中がムズムズしだし、気持ち悪いというか、落ち着かないというか、じんましんでも起きそうな、なんともおかしな気分なのだ。ニュース自体はどれもさして特殊でもなく、大事件でもない。国際関係のニュースは例によって報道姿勢もコメントの視点もノーテンキなものだが、それは覚悟しているので、どうということもない。国内ニュースも例によって例のごとし、その内容がその妙な気分を引き起こしているのでもないのである。

十五分ほど、落ち着かない気分を我慢し、首をひねりながら見ているうちに、やっとその正体がわかった。ヘンなのは、アナウンサーの喋り方なのだ。もっと厳密に言えば、声の中にあるその男性アナウンサーの感情なのである。

ニュースは個人的な出来事ではない。あくまで客観視された出来事の集まったものである。それを報じるアナウンサーが、なんらかの個人的な感情を介入させるものではない。ところが、このアナウンサーは、それをしているのである。

いや、そうではない、と私はすぐに気づいた。彼には、そんな意図は毛頭ないのである。彼はあくまで、客観的に、私情など勿論交えず、第三者的に、たぶん目の前に置かれたモニターに映し出されるコメントを読みあげているのだ。彼にしてみれば、精一杯の、訓練もされたうえの、無表情、無感動、無個性な発声なのにちがいない。

しかし、外国の、つまり日本以外のあらゆる国のニュースを見なれていると、彼の語り口が、まるで彼自身の身の上話を聞いているような気分になるのである。特に白人アナウンサーのニュースの報じ方、ナレートの語調は、完全に無機質なのである。

よくアメリカ映画の中で、緊急事態が起きたときの登場人物たちの話しぶりが、妙に抑揚のない、抑制、制御された口調であるのに違和感を感じる。

例えば実際の場合でも、あのアポロ13号が宇宙のど真ん中で事故を起こしたときのＮＡＳＡとの交信は、実況で聞いても（その映画化の中の台詞の口調を聞いても）、よくこれほどに「クソ落ち着き」の声が出せるものだと、いぶかしくさえなる。「われわれにプロブレムが起きた」とか、無表情な、冷静な声を出し、聞いたほうも「テンフォー」とか、同じような無表情で抑制のきいた冷静な返事をする。

これが日本人同士の中で起きたらどうだったろう、と想像してみる。「大変です、重大な事故が起きました」とかオロオロ声を出すか、逆に妙に落ち着いたフリをこめて「事故発生、事故発生」と精一杯バリトンめかすか、とにかく、なんらかの芝居がかった（ということはそれなりの感情が入った）声質になるはずである。とても彼らほどに、ロボットふうな発声はできないのではないだろうか。

返事するほうも日本人だったら「どうしました？　どうしました？　よく聞こえませんが……！」とか、あわてるなり、同情するなり、心配するなり、とにかく感情優先の発声になるはずである。

そうした日本調やりとりは、実際のテレビやラジオの実況放送で、われわれは耳慣れているはずである。ところが白人同士のやりとりは、まったく違う。

戦争映画で戦闘機が撃ち落とされる寸前の交信も、刑事が殺人犯と撃ち合っている最中の会話も、もし日本人同士だったら悲鳴を上げないまでも声の中になんらかのそれらしい感情が入るはずなのに、白人同士はよく言えば常に沈着、嫌味で言えば「イイカッコシー」のハードボイルド発声なのである。

実際に彼らの中で生活するまでは、そういう彼らの「声質」みたいなものが不自然だったのだが、こちらに慣れてしまうと、今度はちょうどその逆の反応として、日本人の「声の中にこめられたもの」が非常に気になる。

その朝のアナウンサーの声の出し方は、なんともネチネチしていて、ベタベタしていて、まといつくような、粘着度の高い、まるで捨てた女が復縁を迫っているような、無用で、不必要で、邪魔な感情が入りすぎて聞こえたのである。実際、彼の声は、まったく女々しく、女っぽく聞こえた。一言一言視聴者に媚び、おもねるような姿勢が特に不快感を誘った。

だが、もしまた逆に、日本のアナウンサーが、こちらのアナウンサーのような声質、語り口で日本のニュースを読んだとすれば、それは「棒読み」で「つっけんどん」で、あまりにも「よそよそしく」、時によっては「とげとげしく」、「ボソボソ」しすぎた「不親切」な話し方だという印象を、視聴者に与えるかもしれない。

ところがこちらに慣れると、いま鍵カッコで書いた声の中の要素が、すべて明解で、自然で、本来ニュースにあるべき声質に聞こえてくる。

日本人の感情は無意識にとめどもなくあふれている

日本人は世界でも稀有な、感情過多な民族なのだ。

その感情は、抑制しようにも抑制しきれない、もう隠しおおせない肉体の一部のように、どうしても、無意識に、本能的に浮かび上がり、常に、日常の一刻一刻に現われ出てしまうのである。その感情とは、ことさら大きなものではなく、小さな小さな、日本人以外なら無視してしまうような対象にも、それ相応の小ささで起きている。

日本の中だけで暮らしていると、それは気づきにくい。

それにしても、どうしてこれほど逆のことを、自他ともに思いこみ、誤解しているのだろう。日本人は感情をなかなか素直にうまく表に現わせず、どちらかといえば神秘的な無表情、無感動な民族で、曖昧である、などと外国人も、自民族も思いこんでいる。あるいは、明治以来、あまりにもガイジンにそのように言われたので、自分でもそうかと思いこんでいるのだろうか。だとすれば、彼らがわれわれの感情を読みとれないほどに、鈍感だということである。

だが、もう一つ重要な理由がある。

白人のあいだでは、感情とは生まれるものではなく、つくるものなのだ。つまり、意識的に、意図的に湧きあがらせ、それをまた意図的に、意識的に表現する。喜怒哀楽、すべて意識が働き、理が動く。だから、感情を表に出す条件は、おのずから限定される。それにフィットした、一定の目的をともなった「場」がないと、出ないし、出さない。

目的意識をもった感情（外人）と、目的意識をもたない感情（日本人）と大胆に区別すればわかりやすいかもしれない。

外人の感情は常に特定の目的から生まれる。ということは、その目的に即した「場」がその都度存在しているということである。

例えば、友好とか友愛を目的とした笑いの感情とか微笑の感情を例にすれば、それは社交の場であったり、特定の行動に対する家族友人間の場であったり、また恋の場面だったりするだろう。説得や攻撃を意図した感情、つまり「高ぶる感情」ならば、裁判における検事や弁護士の発言の場とか、演説や論争の場で、怒りとか悲しみを基底として発する場は言うまでもないだろう。

ということは、その感情は常に場に即し、場に左右されて強調されたり、弱められたりするものであり、必要に応じて技術で伝達するものである。

感情は出しっぱなしみたいに漂うものではなく、伝達されなければならない。その意味で、言語の一部の様相すらある。

日本人のように、のべつまくなし、自分でもなぜ感情が動いているのかも、あまりはっきり認識もせず、自覚もないまま、空を見ても、木を見ても、川の流れを見ても、人の顔を見ても、なんでもない会話をしていても、まるで温泉が涌き出るように、ほとんど無節操に涌き出ているのと違うのである。

だからこそ、われわれは、それをいちいち他人がわかるように強調はしない。

大仰な感情表現の仕方もしない。一刻一刻、感情は流れ、変化しているのである。いちいちそこに表現技術を加えるようなものではないからだ。

だが、白人の感情は、いま書いたとおり、明確な場を前提としているから、その場がなんであるかをはっきりさせなければならない。当然そのために、演技的な強調がなされ、表現は付随する言語を含めて曖昧ではなく、大仰に身振り、手振り、表情を加えつつ、自分の感情の所在と方向性を誇示する。

なぜなら、感情が湧きあがることは、それ自体、あくまで原因と結果、因果と応報、目的と達成などが「特定」されるものだからである。怒りなら怒りの感情をはっきり、明確に伝えない限り、感情は空振りするわけで、重大な誤解も生じる。それには、なぜ、自分がなんのために怒っているのか、はっきりしていなければならない。

ということは、感情を加えないという場も、また実にはっきり明確に認識されている。例えばニュースの報道などだ。自分自身という個人と完全に離れた事件に、まったく個人的であるべき感情を加味するなど、とても考えられないのである。

同じような発想で、緊急事態を口にするということも個人の感情が介在するような場ではなく、あくまで報告の場である。それが怖いか怖くないかなどという感情は、その感情を意図的に伝える別の場、つまり後で家族などと会ったときに、意識的にこめるべきものなのである。そのときは、日本人にしてみればコッパズカシクなるほどに感情オーバーな表情、手振り身振り、言葉のレトリックを駆使し、「怖かったという感情」を表現するのである。あるいは「アイラブユー!」

などと絶叫して抱きつくとか。

ところが日本人は、外国人から見ると感情を生ましめるような場がなくとも、常に感情が右往左往してココロに去来しているから、よほどの特殊な状況以外、その場と感情の方向性を特定し強調する労などとらない。

あまりにも豊かで、繊細な感情だから、一体自分にいま起きている感情が喜びなのか悲しみなのかも、時には定かでないのである。いや、そんなことすら意識になく、感情だけ勝手に生まれては消え、生まれては消え、一瞬の間断もないのである。

だから、感情の流れをコントロールするのは、その感情自体が（状況そのものではなく）特に意識されたときにしかできない。

例えば、感情自体が意識される特殊な場とは肉親との死別というような場のことで、そのときには、感情は抑えられてしまう。なぜなら、そのときはじめて、ガイジンと同程度の感情に対する意識が働くからで、いったん意識が働くと、感情はその下に埋没する。

なぜなら感情の動きというものは、日本人にとってはあまりにも身近なもので、日常的でありすぎるので、その動きは「ハレ」というより「ケ」の世界に属すものだからである。つまり、感情を出すのは、いつもと同じで「よそ行き」にはならないから、不謹慎になる。

逆に言えば、おおやけで、特殊な場（ハレの場）は、常々の感情を抑えなければならなくなる。

そうすればよそ行きで、もっともらしい顔になれる。感情の動き自体を意識しない限り、感情はケ（普通）として、普段着のようにいつも身近にあるからだ。

まったくガイジンと逆なのである。日本人は緊急事態もニュースも、自分の感情を意識しないからこそ、感情がにじみ出てしまう。いつもと同じに「ひゃー、大変」ということになる。

一方ガイジンの場合は、感情を出すことがハレなのである。意識された表向き、の状態なのだ。よそ行きの表向きなら、当然強調しなければならない。晴れ着を見せびらかすみたいなものである。

訳せなかった『草枕』の「情」

ここまで書いてきて、どうもわれながら奥歯にモノの挟まったような、わかりにくい文章だ。誤解を恐れず、もっと露骨に以下に整理する。

つまり私の言いたいことは、（はっきり言ってしまえば）ガイジンには感情がない、ということである。無論、あくまで、日本人のもっているものと比べて、という意味で、彼らのは感情というより、日本的に見ると意志に近いのだ。

感情という言葉自体、明治の翻訳語調で、大和言葉ではなさそうだから、これをただ「情」という日本古来の伝統言葉に置き換えれば、もっとわかりやすくなるのではないだろうか。

実はこの項を書くにあたって、一つの実験をしてみた。

かの有名な夏目漱石の『草枕』の冒頭の一節「智に働けば角が立つ。情に棹させば流される。意地を通せば窮屈だ」という文章を英訳し、何人かのオーストラリアの友人に聞かせ、その理解度を確かめてみたのだ。

きっとこの世界的な文学は、それなりの翻訳の達人が各外国語に訳しているとは思うが、そのテキストをもたない私はしかたなく我流でやってみた。知・情・意が人間性の三大要素であることは、万国共通である。にもかかわらず、この文章に限って言えば、知と意の部分はスンナリ理解されたのに、情の一節はどうしてもうまく伝わらなかったのだ。

まず「情」という英語が問題で、フィーリング、エモーション、センチメント、パッションなどをそれぞれ置き換えてみると、意味は成り立つのだが、それぞれ違ったニュアンスになってしまう。例えばパッションをつかうと、単に恋に溺れる愚か者、みたいな意味が強くなる。それはただちに賢者《ワイズマン》と愚者《フール》の識別につながってしまう（fools rush in＝前後見境のないバカ、という常套句がある）。情をラブにすると、もっとこのニュアンスが強くなる。「フィーリングに立ち入ると、面倒である」ではぜんぜん意味が通じない。「どんなフィーリングだ?」と質問された。それによって違うと言うのだ。つまり、ただ漠然とした「情」というものが伝わらない。そんなものはない、と言う。

ではシンパシーではどうか？　この言葉はギリシャ語が語源で「共感」という意味である。転じて同情、憐れみ、などの意味になる。これに似た言葉でチャリティ（慈善、博愛）やピティ（同情）もある。どれも「情」の訳にしようと思えば、できる。だが、やはり違う。

問題は「流される」の部分で、「自分を失う」というように訳すと、善悪の価値観や、賢愚の価値観に近寄り、意志でコントロールできる要素が強まる。「慈善や博愛をやりすぎると、損をする」などと理解されかねない。そこに宗教的価値観が加味されると、もっとややこしくなり、漱石の真意からは離れるばかりだ。

結局、彼らには「情に流される」ということがないのだと思わざるをえない。一番近く理解されたのは「情」をサセプティブル（名詞形 susceptibility）という単語をつかったときだ。

これは感受性の強い、多感な、敏感な、恋に陥りやすい、影響されやすい、などといった意味の言葉である。「敏感だと自分を失い損をする……」「影響されやすいと人間はダメになる……」

それでも、意志的な要素が語感から拭いきれない。日本人のように、対象がなんであろうとも、一般的に、どうしても、なんとなく、身につまされて……、といった無意志、無意識なココロだけに動かされ、流されるといったニュアンスが「情」の対訳語としての英語にないのだ。

輸入対訳語ふうな「感情」という単語を和英辞典で引いてみても、同じような問題にぶつかる。エモーションは理性に対する言葉で、怒りや憎しみ、愛などの反理性という語感がある。センチメントはどちらかといえば理性的な思考に基づく感傷であり、激情のパッションと対称的な位置にある。フィーリングは日本語にすれば、知覚、印象、予感、意見など、広く主観的な感覚を指す言葉も含まれるのだ。他にもファーヴァー（fervor）とかエンスージアズム（enthusiasm）とか言葉があるが、どれも帯に短し、襷《たすき》に長しだ。

つまり、結局理屈抜き、根っきり葉っきりそれっきりみたいなサラの「情」は、白人にはないと結論せざるをえなかったのである。

だから、白人のニュースのアナウンサーがコメントに情をこめられるわけもなく、もし彼らの感情が日常に出るとなれば、それは以上に記した英単語の、いずれかのカテゴリーの中にあり、喜怒哀楽の目的がはっきり限定され、ゆえに日本人から見れば非常に意志的な表出になり、あたかも目的をもった一種の演技に見えるのである。

彼らには情に棹さして流されるということが決してない、という私の命題が正しければ、考えてもみてほしいものだ。日本人同士の××××ほど情に棹さして流されることも、この人生、他にないではないか。

それこそが、日本人のみだらなのである。

アイロンがけからみだらを連想した私の経験

日本人の××××は本質として情（感情）から発せられる行為であり、それゆえ「ケ」であり、のべつまくなしに欲情することが（感情同様）可能であり、その千変万化な過程がみだらとなる。滾々《こんこん》とあふれてとどまるところを知らぬような、バラエティである。

白人のセックスは、女性の財産化、経済化ということとか、その後の肉欲の罪悪視との結びつきなどで、意識的に特別な感情を起こさせる「ハレ」であり、そのため多分に大仰で、表現過多な意識をともなう、一種の特殊儀式的行為であり、それ相応の方向性が常にあって（例えば宗教との関係、家族構成の目的）、ゆえにその表現はセックスアピール（過剰で意図的な誇示、アイラブユーの連呼の絶叫）になり、情緒過多な日本の「しっとり」「しんみり」「ねっちり」みだらとはほど遠い異質なものである、ということである。

しつこい文章のようで、われながら嫌になるが、この章の結論には、どうしてももう少し付け足したいことがあるのだ。

日本のみだらの本質は、感情の結晶、情の結晶だということを述べてきた。そして、日本人の情が生まれる「場」はこの豊かな自然の中の森羅万象、到るところにあり、われわれの情は尽きることのない泉の水のように、日常、滾々とあふれ出ているとも書いてきた。

われわれ男女の中には白人たちの〝忍び寄る〟感覚などなく、意識もなく、むしろ日本の性は「性の発情者」としての女性がイニシアチブをとり、物質文明の諸条件に冒されることもなく、自由で解放された性関係を続けてきた、とも書いた。そしてそれがみだらの本質となっているとも。性の中に無駄な夾雑物がなく、精神が拘束されることもなく、われわれの「情交」は神々の御心のままだった。

昔、といってもいまでも日本語にはちがいないが、女のことを「をみな」と言った。これは女性に神通力があるとするわれわれの信仰から、「生き神」の意味だった。

あぐら居の　神の御手もち　弾く琴に　舞いする女　常世《とこよ》(=永久不変)にかも(古事記)

そうであってほしい。そうでなければ、日本の文化は滅びる。

だが、どうしても付け足したいことは、「連想」についてである。

日本語は連想ゲームみたいなものだ、とは前にも書いた。その例もいくつか書いた。

このマジックのような日本の連想は、いま書いたばかりの「尽きせぬ感情の間断もない奔出」に拠るものなのである。

あるとき、ずっと昔、
私はある女性が正座してアイロンをかけている姿を見て、かつて経験をしたこともないような強い欲情を覚えたことがある。それこそ「みだら」の結晶のような感情だった。

だが、その女性の姿には、現在のわれわれが誤解してつかっている意味での「みだら」さは、皆無だった。むしろ、その意味ではまったく正反対の「清楚」さがあった。

肩をかがめ、右手にもった重いアイロンに力をこめ、洗濯物のしわに神経を集中し、一心に働いている。冬の午後の陽射しが柔らかく窓から差しこんでいた。

性的な要素のまったくないその姿が、それまで感じたこともないようなみだらの挑発に感じられたのである。それは「生理的感情」とでも呼びたいもので、なかに混じっているのは「いとおしむ」という感情だった。

なぜこの「いとおしむ」ココロが、みだらを連想させたのか、後々まで不思議だった。一種の憐憫《れんびん》を想起させたことまでは、すぐわかった。一生懸命に働いている姿が抱きしめたくなるような、可憐な、いくぶん可哀想な感情を誘った（連想させた）のである。

「いとおしむ」、または「いとしむ」は「愛しむ」と愛の字をつかう。

ところがこの言葉は「厭う」と同じなのである。

だが、「愛おしむ」の語義はあくまで、

①ふびんに思う。

②かわいく思う。大切にする。愛惜する。

というものだ。

「厭う」のほうは、嫌うとか、好まないで避ける、いやがる、である。

なぜ、この二つのまったく違った語感が親戚語になっているのだろうか？

上古代から伝わる日本語、つまり大和言葉において、イトとは親しみの感情がこめられた言葉で、「いとこ」のイトもその意味である。現在のカズンの意味よりもっと広範囲に、親しみの感情が湧く相手は、みなイトコだった。「愛しい人」である。可愛い人、でもある（『語源大辞典』東京堂出版による）。

一方、「厭う」のほうは、昔から苦しみに耐えられない感情を示す。

愛する感情、可愛く感じることと、嫌う感情、苦痛なことが、なぜイトという同根の言葉になるのだろう？

私の解釈はこうだ。

つまり、それこそ日本人の豊かな感情の豊かな連想なのである。

例えば私の場合で言えば、アイロンをかけている若い女性は、自分に置き換えたときの感情（付度）で、苦痛を連想させる（大変だろうな、疲れるだろうな、可愛そうだな……）。その感情、気づかいの感情は、それをあえてしている女性に対する憐憫の感情に移行する。わが身に置き換える連想である（厭わしいだろうな……）。

すると抱きしめたくなる……、直観的連鎖反応のようにみだらの感情が生まれる。

押し倒し、愛撫し、その労をねぎらい、感謝とともに素肌にくちづけし、

そして……、××××をしたくなる……。

事実、私はそのとき、衝動のように彼女を押し倒し、抱擁し、愛撫した。

そういう××××をし終えた後に残る感情は、「愛」である……。

厭い、が、愛おしいの感情を連想させ、連動させる。

連想を蝶番《ちょうつがい》のようにしたこの二つの感情は、見事に「可愛い（可憐）」に直結しているのである。「可憐」の憐は「憐憫」の憐である。いじらしいこと、かわいらしいこと、であり「純情可憐な女」「可憐な少女」という連想にも直結している。

ちょうどそのときの私にとって彼女がそうであったように……。

彼女とは、いまのわが妻である。


「可哀相、たぁ、惚れたってことよ」

という表現がある。

これも、連想の妙を、実に的確に言い当てているのだ。おもんぱかる、あるいは、おもんばかる（慮る）は「思い巡らす」ことで、相手のことをいろいろ考えはかっていれば、可哀相なことも連想される。それが惚れるということである。

日本人の好色の情の中には、ものを憐れむココロ、同情、憐憫などが連想として混入されているのである。「愛おしい」の語義にも「気の毒な」の意味がちゃんとある。

気の毒は、可愛さを連想し、可愛さは、気の毒を連想する。自分に置き換えたとき厭わしいと感じる感情は、そのまま相手の厭わしさを忖度する感情になり、それを避けさせたい感情になり、それは「可哀相」から「可愛い」に転じるのだろう。

われわれ日本人の奔出する豊かな感情は、カメレオンの色のように、めまぐるしく変化し、外界の色が保護色の敏感な変化を誘うように、感情の流れが次から次へと起こす連想を媒体として、リトマス試験紙のような鋭い瞬時の変化を起こさせ、次の真新しい感情を誘導し、誘起させるのである。

それは「同情」という「情」の真髄でもある。

この点だけは英語の「シンパシー」と共通する。ギリシャ語を語源とするこの言葉は、いまつかわれるように、同情する側が同情される側より優位、上目にあるといった語感ではなく、「ともに同じように感じる」というのが元の意味であり、共鳴という意味でもあるのだ。

共感、共鳴は、相手のことを我がこととして忖度することによって生まれ、そのココロの動きは連想することによってのみ生まれるのである。

第4章 「みだら」の構造

翻訳不可能なＳＭ小説の世界

肉芽が瑪瑙色の尖端をちょっぴり剝き出しにして突っ立ち、ぽっちり充血した襞肉が愛液の糸を引いて、ねっとりと左右に開いた。その奥に夫のものしか受け入れたことのない秘口が蜜を吐いて喘いでいる。

男は両手の指で肉芽を根まで剝き上げ、口に咥えた。

「ヒィ……ッ」

きつく吸い上げられて舌で転がされ、女は魂消えんばかりの悲鳴を放った……。

女は耐える力を放棄した。

緻密で透明な白磁の肌が、紅い炎を上げて燃え盛る。
子宮が男の亀頭を圧迫しながら下降し、蠕動する肉襞が破裂する寸前の肉塊にまとわりつき、締めつけた。
「……はなれないで」
波打ち際に押し寄せる小波のように、煮えたぎる肉襞がひたひたと男の膨満した肉塊を締め上げ、ジワジワと狭窄しながら、最後の一滴まで搾り出す……。

日本にはいわゆるSMと称する世界がある。いわゆるというのは、これがほぼ和製英語であるからで、特に海外でSM小説などと言っても、なかなか通じない。ほぼ二十年ほど前の日本では、SM雑誌というのが全盛で、数多く出版されていた。執筆する作家も、挿絵やイラストを描く画家も数多くいた。

オーストラリアに移住した当座、ということは約十三年前、私はなんとかそうした作品を海外に紹介したいと切望していた。いくつかの小説を翻訳し、当時加盟していたこちらのライターズ・ギルドや協会を通じて読んでもらおうともした。しかし、彼らが興味を示すか示さないか以前の問題として、そうした小説はほぼ翻訳不可能だと思い知った。

例えば引用した右の文章で言えば、ちょっぴり、ぽっちり、ねっとり、といった擬態語を通じた味と、そこから醸し出される心理的効果が、どうしても英語に置き換えられないのである。

それだけではない。

これらの日本のSMにとっては不可欠なさまざまな条件があまりにも日本独特であるために、そうした「場」の設定が翻訳不可能、というより伝達不可能なのだ。

日本人がこうした小説を読む場合、そのみだらさを構成している「場」に対しては当然ながらまったく意識をもたずに読み進み、作家が意図するリアクションを得る。もっと有体《ありてい》に言えば、男なら勃起し、女なら濡れる。作者はそれを意図しているのだし、読者もそれを期待している。

無論、一つの特定の文化を背景にもつ小説は、SMに限らず、他の文化圏に暮らす人々への完璧な伝達は不可能だろう。日本語で書かれた文学は、芭蕉などの俳句を筆頭に、現代の三島でも川端でも、白人の読者が百パーセントの共感、共鳴をもつことはほぼ不可能かもしれない。だが、そうした文学は、少なくとも「知能」での理解は可能である。感性では共鳴しないまでも、頭脳では白人でも「わかる」のである。

ところが、SM小説は、勃起というような「物的証拠」がともなう。「わかる」だけでは不十分なのだ。それは心の底から泣いたり笑ったりできるかどうかの「生理証拠」に等しい。

例えばアメリカの映画館や寄席で、まわりの観客は腹を抱えて笑っているのに、日本人は少しも笑えないといったケースは多い。英語の翻訳はできていて、頭ではその意味がわかっていても「なんで、こんなつまらないことに笑うのか」という点が、ついていけないのである。泣くシーンも同様だが、笑いよりは易しい。共通感覚が、泣く場合のほうが笑いより多いからだ。

性ホルモンの分泌、つまり勃起となると、笑いより難しい。露骨で、直裁的な、ポルノふう行為とその描写なら、可能である。それは万人共通で、ヘンな言い方だが、知能と知識さえあれば反応できる。共通感覚などという高度な知性の「場」は不必要なのだ。

しかし、日本のみだらの一つの典型的な発露のようなＳＭ小説は、どうしても「言外」の共鳴磁場が不可欠なのである。極端に言えば、日本の文化のすべて、歴史的な条件のすべてを共鳴磁場にしていない限り、性ホルモンは分泌されない。

男と女のあり方、社会的なもろもろの条件、家屋の構造（例えば日本人なら「納戸《なんど》」と聞いただけでもてるイメージの有無）、文字を読んだだけでも聞こえてくる発声のイントネーション、気候風土の諸条件（例えば「梅雨」と読んだだけで読者が無意識に設定できる肌触りとしてのイメージの有無）などという、あらゆる細かな条件が、勃起を促す要素となっているのである。

嗜虐画が表現する日本的な世界

これは、「連想」をもてるか否か、という問題である。

即物的なポルノ行為には、連想の働く「場」は皆無である。そして、これは後に書くことと深い関係があるのだが、連想を必要としない「場」は、ヤボなのである。

世界中のヤボなことは、インターナショナルであり、グローバリゼーションであり、国際的であり、文明なのだ。

だが、文化は違う。特に日本の文化は「連想」を共鳴磁場にしている。

その最も鮮明な典型例がＳＭ小説の世界にあるのだ（あったのだ）。

小説の翻訳を断念した私は、絵なら大丈夫だろうと思った。知性の共鳴を白人に求めるのが不可能だとしても、視覚と美意識に訴える挿絵やイラストなら、彼らにもわかるのではないかと期待したのである。

ところが結果は無残だった。シドニーで一番大きな画廊をもっているという女性のオーナーとマネージャーを、一夜ホテルに招待し、豪勢な日本食を振る舞いながら、前田寿按画伯をはじめとするいわゆる嗜虐画《しぎゃくが》を披露した。一目見るなり、彼らは言った。

「オオ、ボンデージね。ノーインタレスト」

ちゃんと見ろ、この野郎、と私は思った。特に私は前田画伯の大ファンである。彼の描く女性は、日本女性である。つまり、他のいかなる国の女性でもない。一目でそれがわかる。特に最近は、どこの国の女かわからないような人物像が氾濫するなか、前田画伯の描く女は、まぎれもなく、正真正銘、日本人以外のなにものでもない日本女性なのだ。美人画を描く画家は過去にもたくさんいた。だが、これほどになまめかしい日本女性の表情と姿態を描いた画家は、いままでに一人もいなかった。しかも、完全無欠の日本女性だけがもつなまめかしさなのである。

ということは、日本女性でなくては決して醸し出せない美を表現しているということである。

これが、彼ら白人にはわからず、ボンデージという一律のカテゴリーに組みこんでしまったのだ。

結局、この種の絵画も、小説とまったく同じだったのである。連想を惹起する共通の感覚的磁場が、彼らにはないのである。

ということは、日本のＳＭという「場」は、世界中にないのである。たったいまでも私は日本のＳＭが素晴らしい世界であり（あった――過去）、世界に誇れる非常に繊細な日本文化の結晶の一つであり、その中には最も日本的なエッセンスがこめられていると信じている。数時間にわたってそのことを説得したにもかかわらず、彼らの理解を得られなかったということは、最も「日本的なもの」は、最終的に世界への伝達は不可能だということになるのだ。私はそれを思い知った。

彼ら画廊の人たちが望んでいたのは、要するに浮世絵ふうな春画だったのである。確かに日本の浮世絵も、日本独特な特殊性がバックにある。だが、中心となるそのものズバリの性器の結合描写は、着物を着ているとか、畳の上だとか、周りにタバコ盆とか行灯《あんどん》とか、見なれない小道具が配置されているなどといった細部を、ただの異国趣味《エキゾチシズム》として片づけているだけで、そこから江戸市民が受けたような共通感覚の磁場とはなっていないのである。

つまり彼らが見ているものは、即物的なポルノと同じ次元で、連想を排除した、ヤボな世界の中だけなのだ。

それをもって日本文化が世界に紹介されているなどと受けとるのは、大きな誤りだと思う。

「虚構の真実」日本のＳＭ

日本のＳＭについて、もう少し続ける。

なんとしても、わかっていただきたい。なぜなら、日本のＳＭがもつもの（もっていたもの）は、日本の「みだら」の構造への大きな示唆を含んでいるからである。

ＳＭとはいうまでもなく、サディズムとマゾヒズムの頭文字だ。つまり本家は、コーカシアンの世界なのである。そこで、世界中にその種の雑誌や、書物や、実演や、実際や、ビデオなどは腐るほどある。ところが、それら本場の世界は、日本のかつてのＳＭ世界とは、まったく似て非なるものなのだ。彼らにとっては、それは現実であり、ということは、完全に精神病理学の世界に付属するものなのである。

例えば、その種の雑誌のグラビア写真を見てみればよい。実写であろうと、演出を加えたヤラセであろうと、そのモデルのつくる表情は、判で押したように同じものだ。目を剝き、歯を剝き、絶叫し、恐怖におびえた表情を最大限に誇張するといった、きわめてグロテスクなものである。少なくとも日本人の目には、そう見える。

ということは、彼らの感性の中では、性倒錯というものがあくまで現実性を前提にされていて、虚構性の入りこむ余地がなく、その結果、それを受ける女性側の反応もドラキュラやフランケンシュタインに襲われた反応となに一つ変わらないことになるのだ。

そのような「場」における行為とは、女性を縄で縛るとか、蠟燭《ろうそく》で責めるとか、いわばお定まりの設定で、たいしたバラエティはないのだが、ヤラセの演出であろうと実際であろうと、それに対する日本女性の反応は、千差万別である。顔だけではなく、肉体のつくる表情が千差万別の個人的表現で、変化に富んだなまめかしさと、陶酔と、被虐の美が醸し出される。優美であり、慎ましやかでさえあり、謙虚でさえある。白人女性のような醜悪な恐怖の表現など、なに一つない。なぜならその「場」はあくまで虚構だからである。

日本独特な「虚構の真実」として、そこに表現されているものは、男の嗜虐に対して身を無にし、馴致《じゅんち》し、諦め、かつ求め、いかなる種類の自己主張も放棄している姿である。

恐怖の表現とは、それが表現である以上、自己主張である。こうしたＳＭの被写体となる白人女性の反応は、言動を含め、すべて自己主張が主軸となる。なにしろ相手の男が（時には同性が）現実の精神的異常者なのだから、そうならざるをえないのかもしれない。

ところが、日本のＳＭの「場」は、あくまで虚構の美にある。それゆえ加虐の男性にも被虐の女性にも、自己主張に属する表現は、すべて「場違い」になる。

実演者は、絵の中の人物を含め、単なる虚構の演技者に過ぎない。ましてやＳＭに身を捧げている「役」を演じる日本女性に自己主張の「演技」などありえるはずもないから、もしそうした写真で、彼女たちが恐怖の表情を誇示すれば、現実離れした違和感が強調されてしまい、ウソ演技、ということになってしまう。つまり、リアリティがなくなるのである。第一、そこには美がないから、そんな女の顔を見ても、本物の異常者でない限り日本の一般男性は白けるだけでホルモン分泌（つまり勃起）は促されない。

だが、またその反対に、日本女性のSM写真を白人に見せると、その無表情で、無個性な表情（と彼らの目には映る）に違和感を感じ、縛られたり責められている女が、なぜかくも無反応なのかとウソを感じ、やはりホルモンの分泌は遠のくのである。

彼らにとっての勃起の対象は、同じように剣を握り、窮鼠猫を噛むように荒れ狂う女、そして最後には征服されて終わる弱者の証明という現実に対してだからである。

日本のSMの世界を支える根底、そのすべての基底条件は、女性の羞《は》じらいという虚構の美に尽きる。それも「羞じらい」という漢字がもつ語感である。

しかし、日本人のような虚構への実感体験をもたない白人にとっては、恐怖と羞じらいほどかけ離れた「場」の設定もないのである。本来精神病理であるSMの世界が、虚構の羞じらいで成立しているなどという特殊条件は、日本にしかないのだ。白人感覚で考えてみれば、とんでもない飛躍であり、奇妙キテレツな連想である。気違いに刃物たるものが、気違いに美、となっているのだから。

シドニーの画廊の人々がそうした表現の「場」（絵）を見てボンデージには興味がないとけん

もほろろに投げ捨てたのも、そこに描かれている最も大切な「虚構の真実としての羞恥の美」というテーマに対して、まったくの同感も理解ももてなかったということであり、日本女性が示す羞恥姿態が、あまりにも彼らにとって無縁で共鳴不能な世界だったということなのである。

この決定的とも言える「みだら文化」の違いの根本原因は、擬似体験把握の能力差なのだが、そのことは追って書く。とりあえず書いておけば、擬似体験をもてるかもてないかは、ひとえに、その人間が繊細な情感や感受性をもっているかどうかにかかっている。

現実としての実質的個人体験からはるかに遊離した世界を、どれほどに実感できるかの能力において、白人は驚くほどに鈍感であり、日本人は神秘的なほどに卓越しているのだ。つまり、他人事、絵空事などを、いかにわが身に置き換えられるか、忖度し、わがこととして実感できるか、という能力のことである。「身につまされる」という感応能力のことである（文字通り、感に応じる能力）。

その意味で、日本のSMの世界は、その象徴的世界である（だった）。

SM行為に露呈する日本と諸外国の性文化の差は、お互いに決して共有しあえないのである。日本の文化が他民族と永久に融合しえないという、根本的資質の深い溝が、生理として実証されているところに、決定的な絶望感がある。

お互い相手の本質的反応に生理的共鳴ができないのだ。つまり、どっちも相手の「猥褻」が、頭でわかっても肉体反応をともなわないのである。エロスとみだらの差はそこにある。アカデミックに理解しえても、生理や肌の問題として、終局的に相手の表現はウソであり、滑稽でしかなく、性的興奮などまったくか、ほとんど起きないという悲喜劇である。

このように、性文化は勃起したり濡れたりする現実的で具体的な「物的証拠」が示されるのでわかりやすいが、実はその他のあらゆる白人文化と日本文化のあいだにも、それと同じような根本的で決定的な差、違和感、相容れない分離、乖離《かいり》が存在しているのである。

おままごとはみだらな擬似体験

どっちみちSMの世界は、それが商品となって、一般の人がなんらかの形で受け入れる場合、精神病理の部分は希薄になり、幻影の部分が濃くなる。もっとはっきり言えば、エンターテインメントである。

そこにあるのは、映画鑑賞などと大差のない「ウソの誠」とでも呼べるような「メイクビリーブ」の世界である。

ところが、このウソの質が、白人と日本人とでは根本的に違う。彼らのウソは生々しくリアルであり、それゆえ露骨であり、優美さが欠落し、ありえないウソというよりも、ありうるほうの確率が高いようなウソなのである。だからこそ、ビリーブできる。

彼らの求めているものは、擬似ではなく、リアリティなのである。それは最もウソである世界、寓話や童話の世界の彼我の差に明らかである。日本の子供用の昔話や童話と、イソップやグリムなどとを比べてみればいい。同じ意地悪婆さんを描くにせよ、鬼婆や魔女に表現されるものにせよ、そこにある彼我の差は、リアリズム追求の姿勢の差、指向度合いの差なのである。残虐性の描写などには、ことさらそれが顕著となる。擬似性の強い日本に対し、西欧はあくまでリアルである。

彼らには、日本人のような擬似体験に対する価値観がまったくないか、非常に希薄だとしか思えない。

擬似体験というものを、最もわかりやすく説明するには、子供たちの「おままごと」を引き合いに出すのがいい。ひと昔前までは、おままごとは子供たちのもっともポピュラーな遊びで、庭にゴザを敷き、女の子を主役とした「ゴッコ」に興じたものだった。

この「ゴッコ」が擬似体験なのである。お父さんを演じる男の子も、お母さんを演じる女の子も、それなりに擬似体験を活かすのである。それは想像力《イマジネーション》であり、創造力《クリエーション》であり、その人間のもつ勘と直観がフルに発揮されるものであり、洞察力も不可欠である。おままごとでゴッコをするとき、子供たちは自分たちの両親のあり方を、子供なりに洞察していて、それを自分自身の感性の中に組みこみながら、再現するのである。

私は合計すれば二十年近く海外で生活しているが、白人の子供たちが、日本的な「おままごと」をしている姿を、ただの一遍も見たことがない。お人形遊びは白人の子もする。だがおままごとは見たことがない。映画でも見ていない。もしかすると、おままごとという遊び自体が彼らにないのかもしれない。

「お帰りなさい、疲れたでしょ」

などと、お母さん役の女の子が言う。

「ウン、疲れた」

などと、お父さん役の男の子が答える。

そのとき日本の子供たちの心を満たしているものは、怪しい、甘ずっぱい、ドキドキするような、ある意味では大変みだらな擬似体験なのだ。

二十年近く前の日本のSM雑誌にあった世界は、その延長線上にあった。

それは知性の力である。

想像力《イマジネーション》と、創造力《クリエーション》、勘と直観、洞察力が強く要求される。おままごとの中で大人を演じる子供たちは、彼らなりに自分の両親などを観察し、洞察し、それを自分たちの感性の中に組みこみながら再現しているのである。

無論、知識(知能)も必要だが、客観的な知識を主観としての自分自身に応用できる能力が知性なのである。知能《インテリジェンス》は「脳の機能」であり、知性《インテレクチュアル》は「心の力」だと定義している辞書もある。機能《ファクルティ》と力《パワー》の違いを強調した解釈でもある。

擬似体験ができるか否かは、右の定義通り、心のパワーの有無なのだ。他人事を自分のこととして応用・反応ができるかどうかの「ココロの力」である。

日本人は子供のときから、その力に恵まれ、知性が豊かなのだ。

つまり俗に言えば「勘」がいいのである。

勘で得た実体の内容を、直観によって把握する能力、すなわち擬似体験能力が、世界のどの民族よりも優れている。役者の能力も同じである。学校の勉強はできなくとも、つまり多少知能の能力に劣っていても、びっくりするような演技ができるのは、勘がよく、擬似体験する能力に優れ、知性の面では豊かな役者なのだ。

われわれは世界のどの民族よりも擬似体験することが容易なのである。

なぜなら、その真っ只中で暮らしていると気づきにくいが、日本人の日常生活は、擬似体験の積み重ねの中にある。特に人付き合いでは、ひっきりなしに相手の気持ちを忖度し、気がねし、想像力（時には妄想までを）をたくましくし、勘を働かせ、相手の表情の隅々にまで観察と洞察をおこたりなくし、それを自分の感性に反応させながら生活している。

そういう能力に優れている人であればあるほど、いい人であり、人心を摑める。太閤秀吉などその典型で、彼の部下操縦のうまさ、人心懐柔のテクニックは、いかに相手の身になれて、忖度ができ、ゆえに擬似体験が豊富だったかによるのである。

「人事文化」の中に成立するみだら

司馬遼太郎さんに、以下のような文章がある。少し長いが、引用させていただく。(『壱岐・対馬の道　街道をゆく13』朝日新聞社)

水田農耕の村というのは生産の場である以上に、共同体のなかでの社交の場であった。家々とのつきあいはじつに繁縟なもので、さらにいえば人と人とのふれあいは子猫の毛のように柔らかでなければならない。水田農村に住んでいると、精神がかぶっている皮膜が他人からの批判に極度に敏感になり、物笑い、噂というものをおそれ、ひとの言葉が刃物のように感じられてくる。

そういう共同体でくらしていると、人の口からの害をふせぐために対人態度を柔らかくせねばならず、たがいに内容の無意味なあいさつ言葉をかわしあい、たがいの感情を敏感に察しあい、村の習慣をできるだけ律儀にまもり、つきあいとよばれる仲間うちの行事や冠婚葬祭にはできるだけ神経をこまやかにして参加せねばならない。礼儀作法をふくめたそれらを仮りに〝人事文化〟と名づけると、日本のごく一般的な人事文化というものは水田農業の社会から発生し、成熟した。

この司馬さんの解釈は、どちらかといえばその否定的要素、マイナス面に視点がある。確かに日本の気がね文化は、個人主義の発達を阻害したかもしれず、独創性や独立心も希薄にしたかもしれず、それらは現行の国際社会では大きなマイナス面となっている。しかし同時に、それこそ大きな日本人の長所であり、世界にもめずらしい独自の能力、極端に言えばテレパシーにも近い超能力を育てた源泉でもあったのである。

つまり、人事文化は、擬似体験能力を育てる文化だったということだ。

司馬さんの言う「猫の毛のように柔らかい」神経や感性は、直観力によって相手の心を寸時に忖度できる能力や、言葉をつかわなくとも顔色や眼の動き、その他の細かな肉体的反応を察知する能力や、ツーカーの関係と俗に言うような他民族間ではまったく不可能な以心伝心の能力などを培ったのだった。

われわれにとって、こうした「人事」が容易なのは、やはり単一民族で、擬似体験の場に対する共通性が強いからでもある。感じる内容、考える内容に、お互い大きな差はない。ところがあの狭いヨーロッパに暮らしても、相手がラテン系か、ゲルマン系かなどで、擬似体験もまったく違ってしまう。

自明の理とは、わざわざ言葉にしなくとも明白な事柄に対して言うのだが、つい最近までの日本人のあいだには、自明の理が満ちあふれていた。それがどれほど貴重なことだったかは、今日このごろのように、とんでもないことを考え言い出す人間や、考えられないような誤解をする人間が増えてきた社会の中で、痛恨とともに実感されるのである。

つまり、われわれは同一の歴史を共有することによって、同じ感性と同じメンタリティを、どの民族よりも強くもっていたのだった。それによって、他者は常におもんぱかれる範疇にいて、相互の理解は言語よりも連想によって十分通用したのだ。擬態語、擬情語へのゆるぎない共感は、その連想のディテール補足に役立った。疲れたときに一言「へとへと」と言うか、「ぐったり」と言うか、「げんなり」と言うかで、擬似体験は完璧に成立した。

「みだら」の構造も、同じ設計図の中に描かれていた。みだらは「人事文化」だったのである。

一つの連想が、複数の人間のあいだで共通なものとして伝達できるということは、実に貴重な、かつ大変なことなのだ。

それは暗示力のことである。ほのめかすことが、送り手受け手のあいだで、見事な呼吸で了解される。それも連想が共通しているという信頼のうえで可能なのだ。おままごとの子供たちと同じ「ゴッコ」が、あるときには真実以上の真実を擬似体験の場で可能にさせる。

日本のＳＭ小説は、それを生理の場に具現させたのだが、拡大して考えてみれば、日本の古典的芸術はすべてゴッコだったと言えなくもない。

たとえば茶道にしても、あの狭い空間の中にあるものは、暗示であり、連想であり、擬似体験であり、おままごとと根本精神では少しの違いもない「ごっこ」である。ある意味では不自然な空間をわび、さびの擬似舞台としてつくりだし、そこで擬似の作法にのっとり、お茶ゴッコ、お花ゴッコに興じ、没我の世界をつくる。いわば、子供の心である。

同じ一杯の茶でも、同じ一本の花でも、その擬似の体験が内面に醸し出す幻影によって、そしてまた、それらを共有することによって、別の味、別の美を造形する。

幽玄、玄妙という名の味であり、美である。

日本のＳＭの世界は、××××を茶室に連れ出したようなみだらの美をつくっていた。ないものをあると見る擬似の世界は、四次元的に見れば抽象的な意識の「場」であり、音で言えば鼓の音と音のあいだにある無音の「間」であり、三次元で言えば建築で見る床の間の空間としての「間」である。さらに言語で言えば、芭蕉の言う連句における「映り」とか「にほひ」とか「響き」などになる。

日本には擬似世界が無数のバリエーションをもって満ちあふれているのだ。

日本の禅を広く世界に紹介した鈴木大拙の著書の中に、次のようなことが書かれている。

「枯枝に　鴉のとまりけり　秋の暮」

という俳句を引き合いに、人間が万物の神秘を前にして感情を高揚させるとき、数百行の壮大な詩をつくるよりも、むしろ沈黙を選んでしまう。俳句の十七文字でも多すぎるくらいである。

いかなる場合にも、禅の方法に多少とも影響された日本の芸術家は、自分たちの感情を表現するためには、最小限の言葉や絵の筆使いを用いる。もし感情を百パーセント表現してしまうと、暗示の余地がなくなるからである。暗示力は、日本芸術の秘訣である——と。

言い過ぎになるのを恐れずに言えば、擬似体験を本能的にもち、連想によって暗示的人間関係を結晶させることが可能な日本人同士は、仮に禅の影響などなくとも、みな芸術家なのである。少なくとも白人と比較すれば、言い過ぎを恐れることすらないのだ。

日本人にとって、性は神事に近く、それゆえ神秘だった。それに対する感情は花鳥風月にもまして高揚されるものであり、かつ称えるべきもので、それに対する暗示はほとんど無限の色合いをもっていた。みだらの世界は、禅の世界でもある。

素人の露悪趣味が日本のみだらを滅ぼす

足掛け十三年の祖国不在のあいだに、日本のＳＭ界はどのように変貌したのか、かねてから興味があった。

そこで今回、この原稿を書くのを「いいわけ」に、親しい友人に頼んで、最新号の雑誌を数冊送ってもらった。

結果、深い絶望を味わった。

二十年前から、急速にこの業界が消滅しているのを知っていたから、昔のままの表紙をもつそれらの雑誌に、最初は驚きもしたし、喜びもした。懐かしい作家の名前も残っていたし、前田寿按画伯をはじめとした何人かの画家も健在だった。

ところが後になってゆっくり頁をめくってみると、その姿は無残なほどに変わっていた。かつてのみだらさは、もうどの頁にも残っていなかったのである。例えばその小説群は、英訳可能になっていた。私でもすぐ翻訳できる。ＳＭまでグローバリゼーションの中に組みこまれているのだ。

暗示もない、ほのめかしもない、連想もない、擬似体験もない、ゴッコもない文章だった。擬情語、擬態語に対する工夫も枯渇していた。

つまり、白人並みに、露骨で、即物的で、無機質だった。日本は消えうせ、他のどんな分野の世界よりもＳＭがインターナショナル化を果たしていた。

私が日本にいた頃、勿論ヘアーは禁止で、実に無粋なボカシが写真には入っていた。それが解禁された。その分みだらは増しただろうか？　逆である。なぜ逆になったかといえば、その分カメラマンに工夫がなくなったからである。暗示を捨て、連想への工夫を忘れたのだ。かつて同じ雑誌の編集後記に「われわれ編集者は、常に官憲の目を逃れながらの工夫をしなければならない。だがそこに『やはり野におけレンゲ草』の精神がもてると自負している」といったような文章があった。当時それを読んだとき、官憲などという大時代的表現がおかしかったが、同時に彼ら編集者たちの心意気のようなものを強く感じたものだった。彼らはどこへ行ってしまったのだろう……。

みだらに対して国家が介入することは、無論ヤボであるし、その意図は前述した通りである。だが、「官憲」は、いわばタブーということである。われわれはかつて、官憲に弾圧されているフリをしながら、それを逆用し、いっそうの工夫を凝らし、ポルノが解禁されていないことで最もポルノティックな国情をつくることに成功していたのだった。官憲はわれわれにより深いみだら度を提供してくれている温床だったのである。

戒律のないところには破戒もないのだ。

なによりも驚いたのは、SMへの素人参加の機運である。それはテレビの俗悪番組の主流となった、視聴者参加番組と同じ轍《てつ》を踏むものだった。雑誌で言えば、読者が自分たちの撮った嗜虐写真を編集部に送りこみ、それを掲載しているということであり、読者同士が雑誌をコンピュータのホームページ並みにみなし、SMのスワッピングや乱交の情報交換の場にしているということである。また、SMを商売にするクラブのたぐいの数の増加は、つまり、そのおびただしい広告は、私の想像を絶するものだった。

野においたレンゲ草どころではないのだ。毒性の雑草が、日本中にはびこり、スミレ草などとっくに駆逐されている。ヘアもろとも×××を押し広げて、どんな擬似体験ができるというのだろう。ただひたすら突っこむ描写を書きなぐって、どんな暗示と連想が可能だというのだろう。

知性の知の字もなく、性だけが露骨になったド素人が参加して写真を撮ったりしたところで、彼ら彼女らの悦びがどれほどに深化したというのだろう。

作家も画家も、この世間の風潮に圧殺されているのだ。

もはや擬似は通用しなくなった。

無粋な素人たちの露悪趣味によって、粋人のみだらは死んだのである。

「いき」の構造と「みだら」の構造

まだ書きたいことの半分も書いていない気分だが、紙面はもうほとんど尽きている。駆け足になるしかない。

それでも書いておかなくてはならないのが、九鬼周造《くきしゅうぞう》（一八八八～一九四一）の『「いき」の構造』についてである。おこがましくも、私のこの本の題名はここから拝借している。

月とスッポンはわかっているので、その贖罪の意味でも、この本がいかに必読の書であるかについて書いておきたい。傲慢に言えば、こうである。

この九鬼周造の本の中に出てくる「いき」という文字を全部「みだら」に置き換えれば、私の書くことはなにもなくなってしまうのだ。実は二十年ほど前、私は『猥褻論』という本を書きはじめていたのだが、ちょうどその頃、この本と出会った。一読し、なんと私の書いていたことがそっくりそのまま、百倍も頭のいい、説得力のある文章で書かれていたではないか。それですっかり気落ちし、自分の本はその時点で筆を折ってしまった。

その後、知り合う若者には誰彼かまわず「死んでも読め」と、例によっての強引な悪癖で薦めまくったのだが、私と同じ感動を味わったという若者とは、ついぞ出会っていない。第一、最後まで読み通したという人すら少ないのである。難しくって、なにを言っているのかわかりません、という反応が、最も正直な彼らの反応だった。

なにをバカな、とその頃は思っていたが、今回、読み直してみて、「それも仕方がない、ああ、もうどうしようもない……」という気分になった。たった数十年でSM雑誌ですらこれほど変貌するのである。日本のみだらも消え去っているときに、昭和五年（一九三〇年）に書かれた『「いき」の構造』が、なにを言っているのか若者にチンプンカンプンなのも、当然と言えば当然なのである。

と、これだけ書けば、実はもうこれ以上、なにも書かなくともいいほどだ。

それでも興味をもつ人は読んでくれるかもしれないし、そのうえでやはりなんのことかわからなくても、それは日本の運命なのである。日本は恐ろしいほどのスピードで、退化しているのだ。

それでも……、先達への礼儀だと思って、ほんの少し紹介する。

昭和五年にこの本が書かれたということ自体、実に日本の運命を象徴している。

ざっと世相を説明すると、この年の一月～四月にロンドンで軍縮会議が行なわれ、それが発火点となって国会では犬養毅や鳩山一郎などの政友会が浜口内閣を攻撃、いわゆる「統帥権干犯問題」が表面化した。十一月には浜口首相が東京駅でいわゆる右翼に狙撃され、重症を負った。軍部のファシズム化が急激に進み、「桜会」というグループの軍人たちが国家改造のクーデターを計画していた。

巷ではどうだったかと言えば、大阪のカフェーが銀座に進出し、当時としては画期的な濃厚サービス（いまならノーパン）で一世を風靡し、横浜にはキスガールというのが現われた。この実体は本で読む限りよくわからないのだが、口の中に消毒ガーゼを積めこんで、一回いくらで男たちにキスを「販売」したらしい。消毒ガーゼというところが笑わせるが、現在の援助交際などを考え合わせても、世相は繰り返されるのである。

なによりもこの年の流行語が「エロ・グロ・ナンセンス」だったことは、注目に値する。それから十一年後の大東亜戦争勃発を前にしたこの昭和五年という年は、気味が悪いほど、現在ただいまの世相との類似点がある。豊作飢饉と言われ、世界中は大恐慌で、日本も失業地獄だった。それに抗議した煙突男などというのも現われ、前の年には『大学は出たけれど』という前途の暗い若者たちの映画がヒットした。第三回目の国勢調査が行なわれ、日本の総人口は約六千五百万人だったが、この年は自殺者が続出し、一万三千九百四十二人を数えた。当時としてはすごい数なのだ。

そんなときに『「いき」の構造』は出版された。

日本はどれほど素晴らしい国か、ということを書いた本である。


冒頭、九鬼は、しつこいくらい「いき」という言葉（つまりその概念）が、他のいかなる国の言葉にも翻訳不可能かということを書いた。

いきとは――、

「生来の盲人に色彩の何たるかを説明すべき方法がないと同様に、生来の付随者として自発的動作をしたことの無いものに努力の何たるかを言語をもって悟らしむる方法は無い」（のと同じように、外国人にわからせるのは不可能であり、伝達不能なものである）

なぜなら、いきとは――、

日本民族独特な「意識現象」だからであり、

「民族的存在の解釈学としてのみ成立し得る」ものであり、

「かつて我々の精神が見たもの」なのである。

だから、われわれ日本人は、この、

「精神文化を忘却のうちに葬り去」ってはならないのであり、そのためには、

「我々の理想主義的非現実的文化に対して熱烈なるエロスをもち続けるよりほかはない」のである。

確かに昭和五年の文章は、いまからすると難しいかもしれない。だが、よく熟読玩味されたい。私の言いたい「みだら」も、この定義からいささかも距離を置くものではない。

みだらも、日本民族だけがもちうる「意識現象」だということは、私も書いたつもりである。民族的存在の解釈学とは、日本人がなぜどのように歴史を送ってきたのかという根本を解釈する一助になるということである。われわれの地球上における存在は、他民族の存在と比べて、どういう意味をもつのか……。

それは精神文化なのである。いきもみだらも、日本人の精神としての文化である。

われわれはその中に理想を見ている。だが、その真価は、日常の生活の中にあっては、一見すると非現実的な様相をもっている。理想とは、なんであっても、現実とはどこかで遊離しているものなのだ。毎日毎日をいきに暮らすこと、それを日本人として最も大切だと考えるということは、実生活から離れる思想なのだ。みだらも同様で、年がら年中みだらな人間など、生きてはいけない。

だからこそ、その精神文化を守るために、われわれはそこに熱烈な憧憬、感動、賛美、賞賛、熱望をもち続けなければならないのである。

いき（以下、粋と漢字を当てる）は「生きる」のいきであり、「活きる」のいきであり、「息」のいきでもあり、「行く」のいくでもある。そのすべての概念が重なって「粋」となる。どれも人間が生きていくうえで最も大切な実体であると同時に基礎概念なのだ。

人間が生きるためには、二つの要素がある。生理的要素と、精神的要素である。

生理的要素でなにが根本かと言えば、食べることであり、××××することとなる。

××××は男と女によって成立する。両者が引かれ合わねばならない。なにによって引かれ合うか。匂いであったり、言葉だったりする。表情でもあり、動作でもある。それらの男女の生理、言動一切の中に含まれる引かれ合う要素を、九鬼は「媚態」と一括する。つまり両性が交わし合う「なまめかしさ」である。それは「生きること」に直結するのだ。

なまめかしい女のことを「小股の切れあがった女」とか「小粋な女」などと表現する。

小意気とは、

「春の梅、秋の尾花のもつれ酒、それを小意気に飲み干す……」

という小唄に出てくる「小意気」で、小さな息（小息）と同じ意味である。つまり、酒をお猪口に受けて、小さな息と一緒にグイと飲む、その動作が粋であり、音を立ててガブガブ飲むのはヤボであって、小粋とはならない。

このような肉体的な表現として現われる生理現象は、必然として、精神的な生き方と強く関連してくるのだ。ダラケた動作をしていれば、心もダラケるのと同じである。

心をどのように粋にするか、が人間にとって大きな問題となる。

それは「男一匹、意気地の渡世」とか「女だてらの心意気」といった表現に現われる世界を支える精神の状態なのだ。「その生き方やよし」と他人の生きざまを称えるときにあるものは「意気かた」と同じ意味がある。両方とも人生を生きていく姿勢を指し、それは特定の価値観へ向かっての「行き方」と通じる。××××のとき女が「いく」と言い「息があがります」と切なげに男に訴えたのは、二十年前のSM小説の世界だったが、それは「意気が揚がる」の語感なのである。

息をしながら人生を行くことが生きることであり、その過程を精神的な意識の世界にまで高めると「意気」になり、それをいっそう洗練させると「粋」になるのだ。

日本人は他民族に比べ、生きざま、死にざまに非常にこだわった民族だった。

生き方に対して、それぞれの民族が他民族とは違った特殊な、独特な「表現」があるとしよう。例えばアメリカのカウボーイなら拳銃を抜くところを、日本のヤクザなら腕まくりして刺青を見せるとかいった表現のことだ。特にそれが、人の心を打ち、ハッとさせ、「ああ、いいな」と感じさせるものがあるとしよう。男が女を引きつけ、女が男を引きつける特殊な表現である。つまりそれが「媚態」である。

媚態に特定の香りがあるとしよう。ある花にはある特定の虫を引き寄せる香りがあるが、他の虫にはなんの反応も起こさせない。日本人の媚態は粋の香りをもっていた。その香りは外国人にはまったく意識されないものである。

これは納豆の匂いを知らない人間に、いくら説明してもわからないのと同じである。

粋は日本民族の「特殊様態」だった。

粋の本質を言葉で「こういうものだ」とか「ああいうものだ」と言うのはヤボなのである。その本質は抽象的なものでないから、言葉には置き換えられず、具体的に一つ一つその現実を個々に見て、感じ、会得するしかない。

本質を問う前に、存在を問わねばならない。

と、九鬼は書いた。

粋とはなんぞや、とその本質を問うのではなく、粋という実体がまぎれもなく現実に目の前に存在していることを体得するしかないのである。

これ以上の「みだら」に対するコメントもない。みだらも抽象的なものでないから、言葉には置き換えられず、こういうものだとは書けない。われわれ一人一人が、相手の異性と、具体的に行為し、その現実の味を感じ、会得していくしかない。かつてはSM小説の中や、その挿絵の中に、お手本のようなものはあったのだが、いまはそれすらなくなっている。だが、本質を問う前に存在を問わねばならないのは、いまも同じである。


日本女性のもつ媚態とは（と九鬼はさらに書く）、

「一元的の自己が自己に対して異性を措定し、自己と異性との間に可能的関係を構成する二元的態度である」と。

私ふうに解釈すると、媚態とは×××をしたい特定の相手をはっきり見定める。その後で、その相手と×××が可能になるようにもっていくプロセスでお互いに示し合う一切の態度と表現のことである。

措定とは哲学用語で（九鬼は哲学者だった）、「ある内容をはっきり取り出して固定すること」である。八方美人ふうに誰彼かまわず振りまく魅力は「媚態」とはならないのだ。それはヤボである。×××は最終目的であるにもかかわらず、そのプロセスでは、問題ではなくなってしまっている。

この相手、と心に定め、しかも一方的に誘惑するのではなく、あたかも目に見えないボールでキャッチボールをするように（二元的態度）交換するさまざまな具体的な言動、それが媚態である。

ただペニスとヴァギナがあればいいのではない。それは本能でしかない。本能を粋な欲望に変えるには、特定な「思い」がなくてはならない。その思いを固定しなくてはならない。それが「異性を措定する」態度なのだ。

一元的では媚態にならない。まったく異なった要素をもつ男女が、相手の肉体を求めることを前提とし、複合的な「場」を構築しあっていく過程が「二元的媚態」となる。

もう一つ重要な要素は、「緊張《テンション》」である。男女間の緊張が消えると、媚態も消える。なぜなら媚態は相手を征服しようという仮想目的をもっているからで、その目的が緊張を生む。永井荷風は『歓楽』という小説の中で、得ようとして得た後の女ほど情けないものはないと書いたが、これは緊張が消え、媚態が自己消滅したことで、倦怠、絶望、嫌悪が生まれたことを意味している。

媚態とは、二元的関係を完結させるためにあるのではなく、それを持続させる過程を維持することにある。××××を実現させる結果にではなく、××××の可能性を可能性のまま「擁護」することによってのみ、媚態の存在は続く。

みだらも同様である。まったく同じである。

その後、九鬼はその著書の中で、さまざまな「粋の実際」を、克明な例を挙げながら説明している。どんな色が粋か、どんな味が粋か、どんな化粧が粋か、ということを、その反価値である「野暮」を対比させながら書く。粋は××××同様、人間のもつ五感すべてと深く関係しているから、その例は広範囲にわたる。例えば、色合いではどういう色合いが粋かといった例は、その名称がすでに現実生活の中になくなってしまった昨今では（例えば御納戸茶《おなんどちゃ》とか紅掛鼠《べにかけねず》とか）、理解しにくい。色サンプルでも並べなくてはならないのだが、その色自体が失われてしまったものもあるにちがいない。

確かに粋は、江戸の遊里の女と男という、きわめて特殊な状況と設定の上で生まれたものではある。だが、その価値観は広く日本人に普遍化した。いなせな男や、いなせな女は、遊里だけでなく、江戸から昭和初期まではごく普通な価値観だった。

辰巳の侠骨とか、伝法《でんぼう》とか言われた姿勢にあるものは、冒しがたい気品でもあった。

ちなみに上品と気品は違う。上品には消極的な姿があるが、気品はもっと積極性をもつ。凜々しさであり、ある種の威嚇を備えたものだ。江戸吉原の女たちのもっていた気品は、媚態であると同時に、金では自由にならぬもの、いつでも相手に拒絶や反抗を示しうる強みをもっていたものだった。

「気品ある×××」。それが私の言う「みだら」でもあるのだ。

「傾城《けいせい》は金で買うものではない。意気地で買うものだと心得よ」

と当時言われた。

傾城は「契情」とも書く。つまり、金と契約するものではなく、情と契約するという語感が契情にはあり、それは「契る」という言葉とも通じるものだった。傾城には同時に美人という意味もあり、江戸の遊女の総称でもある。

また、粋には「諦め」の心境がある、とも九鬼は分析した。

自分の運命を知りぬき、人生に対して執着を捨ててしまった無関心の心境である。なにごとにも「あっさり」していて「すっきり」している「擬情語」のもつ姿勢だ。

「酸いも甘いも嚙み分けた」、そういう人たちでもある。世事、人情によく通じ、悩みを知りぬき、浮世の煩悩《ぼんのう》をつきぬけた心から、しゃれっ気が生まれる。粋な人物は、男も女も、どこかで人生に懐疑的であり、厭世的な結論を抱いている。つれないこの世の洗礼をさんざんに受け、その結果、現実への執着を捨てている。

「野暮は揉まれて粋となる」

辛い目でとことん揉まれなければ、粋になれないのだ。

婀娜《あだ》っぽい、軽やかな微笑の裏に、真摯な、熱い涙の痕《あと》がある。

粋の諦めは、爛熟し、退廃した気分の産物なのである。

「粋な浮世を恋ゆえに、野暮に暮らすも心から」

九鬼は、いきは「無目的なまた無関心な自律的遊戯」であると言った。

自律とは、自分で自分の行為を規制することだ。つまりそれだけのためのもの、なにかのためのものではなく、余裕（遊び）のための余裕である。みだらも同じである。そうした世間一般の価値観からは遊離する理想主義的な自律は、宗教的観念と似てくるのだ。

そこで彼は次のような意味のことを書いた。

「いきは、日本文化独特な道徳的理想主義と、宗教的非現実性の合体によって、自己存在を実現化した形である」

上古代にあって、日本の××××は神事だったと私も書いた。「非現実」と九鬼が言うとき、それは「実際性」ではなく「擬似性」ということと変わらないのではないだろうか。

以下、我田引水を続ければ、擬似を加味した××××のみがみだらをつくるのであり、それは擬似性のない××××、つまり昨今のＳＭ雑誌に見られるように誰でも行なえる「実際の××××」よりずっとみだらの理想に近づくのである。

衆愚参加の民主主義が奨励するものは、一切、理想を抹殺するものなのである。読者投稿の×××写真のどこに非現実性の理想主義がうかがえるだろうか！

みだらは、無目的で、無関心な自律的遊戯であることも、九鬼の粋と一致するし、本質を問う前に存在を問わねばならない点も同じである。

また、みだらが日本民族独特な意識現象であることも、民族的存在の解釈学としてのみ成立するものであることも、また、すでに半分以上過去形として、

「かつてわれわれの精神が見たもの」

であることとすら、まったく同じなのである。

みだらは、現実の芸術化なのだ。

「像《かたち》花にあらざるときは夷狄《いてき》にひとし」

と芭蕉は『笈《おい》の小文《こぶみ》』の中で書いた。風雅に生きる人間以外は鳥獣に等しいというわけである。

生活が芸術化され、芸術が生活化された世界に生きる人間だけが人間と呼ぶにふさわしい。その

意味ではかつての日本人の右に出る「人間」は世界中にいなかった。これだけは確かなことである。

名もない市井の町民ですら、農夫ですら、同じ時代のどの国のハイクラスの人々より、風雅な人間たちだった。像に花を添えて夷狄（野蛮な異民族）であることから脱していた。

彼らは××××をはじめとし、こまごまとした生活体験をも擬似化し、客観化し、抽象し、心的作用を駆使し、連想を働かせ、人情という日本独特な哲学をつくった。それによって、日本人は白人レベルと比較すれば超能力とも呼べるほどの鋭い直観力をもっていた。

繊細な日本人の連想神経は、全員が舞台の名優にもなれるほどのものであり、全員踊りの名手にもなれたし、全員俳人で、全員作曲家で、全員××××の天才だったのである。

日本人ほど人間に対する思いの深さをもった民族はいなかった。

それはココロに対する思いの深さという意味でもある。

当然それは××××にも粋にも反映し、世界に類を見ないみだらの芸術をつくった。個人個人が、ひっそりと、である。

他人の身になる、忖度のできる、相手の側に立つ文明など、白人たちは歴史上、ただの一度も味わったことはないのである。彼らが「量の文明」に血道を上げている頃、日本人はずっと「質の文明」を追求していた。質を求めるとは、道を求めることであり、道は直観力によって把握できるものだった。

私は冗談でなく、日本のみだらは××××道だと言いきれる。

いつか、もし人類がもうまもなく絶滅しないならば、世界の人々は新しい文明を求めるはずである。そのとき、日本の「人事文化」は世界的な普遍性をもつだろう。子猫の毛のように柔らかい、あの人事である。

あとがきに代えて

紙面がすっかり尽きてしまった。

いままでの私の本の毎回の運命で、またもや舌足らず、隔靴《かっか》搔痒《そうよう》な文章になってしまった。お詫びをする。テーマがテーマなので、どうもシドロモドロの感も残った。慙愧《ざんき》である。だが、私の限界でもある。

文中の×××は、勿論ンンンンのことである。この本を声を出して朗読するときは（そんなことあろうはずもないが）、ちゃんとその日本語を発音していただきたいものである。また別の味が出る。

しかし、私はみだらにこと寄せ、日本のすべての姿を念頭においていた。みだらの衰退、壊滅は、日本の他の分野での衰退と壊滅と深く関連している。

驚いたことがある。

松田征士さんが書かれた『あっと驚く「源氏物語」恋歌ポルノ』という文（新潮45・平成十年二月号）を読んだときである。本当にアッと驚いた。この世界的古典の中に書かれた歌が、ほとんどそのものズバリの「みだら」だとは、露知らなかったからである。

それによると日本の歌の世界では、古来から性的隠語が多く、例えば「笹」も「森」も「下葉」も女性の陰毛のことだそうである。そうした比喩とか隠喩の知識を基にして正しく源氏物語の歌を解読すると、いままで大学の先生などが講義なさっていた解釈とはまったく違う世界が開けてくる。無断で申し訳ないのだが、その内のいくつかの歌をご紹介したい。

まず源氏に対して五十七、八歳の女官、典侍《ないしのすけ》が歌を贈る。

君し来ば　手馴れの駒に　刈り飼はん
さかり過ぎたる　下葉なりとも

いままでの国文学の先生たちは、これを次のように現代訳する。

「あなた様がお越しになられたら、お召しの馬に飼い葉を与えましょう。いささか盛りを過ぎた下葉ですが」

しかし本当は、次のような意味だった。

「あなた様の元気のよい肉棒を私に貸して下さい。老いの身とはいえ、見事下のお口でくわえてみせましょうぞ」

源氏がこれに返歌を出す。

笹分けば　人やとがめむ　いつとなく
駒なつくめる　森の木がくれ

大学の先生の訳は、

「そうはおっしゃいますが、私が野笹を分けて、あなたの家に行ったら、たくさんの馬が森の木陰に潜んでいて、何で来たかと咎めるのではないでしょうか」

ところが本当は、

「私の!!があなたの××××をかき分けて入ろうとしても、セックスフレンドの多いあなたのこと、みんなであなたの××××をめがけて入ってきて、私の!!など他の男どもに非難されるのではないでしょうか」

紫式部自身が、現実にある男に贈った歌は、

おぼつかな　それかあらぬか　明けぐれの

空おぼれする　朝顔の花

国文学としての訳は、

「明るいか暗いかはっきりしない空ですが、心奪われるような見事な朝顔が咲きました」

本当は、

「あなた様のお越しを待ち焦がれていました。昨晩はあなた様に抱かれて魂は宙に飛び、私の×××は蕩けんばかりでした」

それにしても学者サンの解釈と、あまりにも違うではないか！

特にこの朝顔の歌なぞ、国文学的解釈では、面白くもおかしくもない白痴的な歌だ。ところがホント訳になると、それこそ連想、隠喩みだらの骨頂となり、これなら世界大文学の価値が納得できる。


まだまだ源氏のみだら歌は続くのだが、なんとしても数が多すぎる。ぜひ松田さんの原文を読んでいただきたいのだが、あと二つだけ「本当訳」だけを引用させていただく。

「私が満足しないうちに、あなた様の！・！はしぼんでしまいますね。でも白い液体をたくさん注入して下さったら、許してあげましょう」

「あなたの××××の中に私の白濁の！・！が添えられました。これが男女の契りというものでしょうか」

白露が精液の隠語だそうだ。とにかく私はこの松田さんの文章に腰を抜かし、次に膝を打った。日本みだらの真髄が日本語にあるというのも、これで確かになったからである。日本猥褻という宝石箱をひっくり返し、なかでもキラキラ光っている粒を一つ選んで拾い出せば、それは言葉、日本語、日本語なのだ。日本語があってこそ、みだらの奇跡が成立する。ということは、日本語が世界の奇跡なのである。

有名な舒明《じょめい》天皇の歌は御存知のとおり、次のようなものである。

大和には群山《むらやま》あれど　とりよろふ天の香具山
登り立ち国見をすれば　国原は煙立ちたつ
海原は鷗立ちたつ　うまし国ぞ　あきつしま　大和の国は

これを松田さんの真似をして訳すと、

「この世にはたくさん女がいるが、ここにいるのが香具子さん、上に乗って見下ろせば、女体は炎立ちたち、女陰は汐の立ちたつ、おいしい女ぞ、トンボが交尾しているような（蜻蛉洲の意味）国の女たちは」

勿論これは私の「妄想翻訳」ではあるが、ココロは通じているのではないかと思えるほど、この万葉集の歌は色っぽいのである。日本というクニを女に見立てた心は、古事記にも、日本書紀にもうかがえるのだが、それに筆を運ぶ余裕は今ない。しかし当時の人々が大和という国（つまり祖国、母国）に恋焦がれていたことは、確実なのである。

みだらな連想を不快とするならば、源氏だけでなく、日本の古典、神話はどれも読めなくなってしまう。

津田左右吉は、イザナギ、イザナミの「くにつくり」の神話について、要約すると次のように述べている。

この神話は他の国々に伝わる「天地創造」系列の物語とかけ離れていて、政治的な色彩の濃い神話である。だから、日本のこうした神々は、超人的な神というより、最初から生身の人間の身体をもって登場する。土地（国土）の起源についての説話は、世界中たくさんあるが、人間の生殖行為（つまり×××）として語られているものは、日本以外、他に例を見ない——、と。

日本人は、世界に例を見ない、実に不思議な民族なのである。

どういう意味で不思議かといえば、セックスという西欧式に考えれば、実に即物的な男女の行為を、神話の時代からロマンや政治意識に仕立てあげる才能をもっていたという点である。そして、そこにこめられるみだらの美意識を、高らかに歌いまくっていたという点である。源氏物語の歌にフェラチオシーンが出てくるなんて、思いもしなかった。きっとあなたもそうだと思う。

それにしても××××で国が生まれちゃったなんて、実にいいではないか！

今度書きなおす憲法に明記しておくべきだ。そうすれば日本が根本的に平和国家であることを、世界中の人々が認めてくれるだろう。呆れながらも……。


怒りにまかせて、ここまで書いてきた。

乱れ美の国が、まったく違う意味で、乱れに乱れてしまっているからだ。

日本語の力が失われると、日本人はスケベですらなくなってしまい、白人と変わりない下司で、猥雑な人種に転落する。いまの若い日本人は、古代人の半分もみだらやセックスをエンジョイしていない。

日本語は連想ゲームのようなものだ、と前に書いた。例えば舒明天皇の言う「うまし国」のうまいは、味の美味さや、美しさや、閨の技術や姿態などいっぺんに連想できるのだ。うまいを漢字で書けば、美い、甘い、上手い、巧い、旨いといったニュアンスが書き表わせる。言葉を聞くときは一瞬だから、いちいちそうとは思っていないだけで、脳裏のどこかでは、そうした複数の概念が連想されている。響きや移りの連句の感覚である。

ところがいまでは、「昨日の女どうだった？」と訊かれ、舒明天皇のように「ウン、旨かったよ」と答えるような言葉の綾、匂いは消滅しかかっている。

これほど異なった概念、しかもどこかで共通する感覚を、たった一つの言葉の「音」の中に封じこめている英語の単語など、絶対にない。何語にもない。日本語にしかない。自然の音とともに生きてきた日本人が、自然の音を聞かなくなりすぎた。人工的な音ばかり聞いていると、こうした情感の連想ゲームはできなくなってしまい、理だけが先走る。そうなると、英語と同じように、How was she? と訊かれ、Good. と答えるしかなくなる。これは理論的な解答で、「おもむき」など消し飛んでいる。

畢竟、みだらも消滅している。


たおやめ、というコトバ……。

こんな美しいコトバもない。みだらの真髄である。

「手弱女」と書く。「たわむ」と同じ語源である。「撓む」が漢字。たおやかな女、しなやかな女、こまやかな女。たわやめ、とも言う。

「たおやめの神にまがへる藤の花」。立てば芍薬《しゃくやく》、座れば牡丹、歩く姿は百合の花……。

女偏に弱いと書いて、たおやか。これを女性差別、不平等ととるか、それとも世界一の賞賛のコトバととるか。

「こまやかな女」のこまやかは、細やか、または濃やかとも書くのである。色が濃いという意味。その色とは、無論色っぽい色である。「こまかな点までゆきわたって、優れているさま。精巧なさま」

また、「心をこめたさま、ねんごろなさま」。また、「感情をこめたさま」の意味である。ねんごろ（まごころでするさま）、などという言葉も、失われているのではないか。「ねんごろな仲」と言えば、××××を前提とした仲だった。

こうした言葉はすべて、日本人のココロと深くつながっている。

以上をまとめた連想。――こまやかな女とは、すなわち、雌豹のようにしなやかな肉体に、精巧な構造をもち、締りもよく、Gスポットも発達し、紫がかった朱色がひときわ濃く、鮮やかなサーモンピンクに彩られ、リアクションもねんごろで、真心がこめられていて、情も濃く、こまやかに上げる喜悦の声もゆきわたり、感情が濃厚にこめられている女……。

ああ、どうする？

私だったら日本人であることを、心から神に感謝する。

あなたはなにも連想できない？

もうだめ！

「で、どういう女でしたかな？」

「はい、とてもこまやかな女でした」

「それはそれは、なによりの果報でしたな……」

といった会話が（亡くした妻を物語っている連想でもいい）、もはやあなたにはできなくなっているのである。

グッドな女ばかりで、美味い女のいない日本など、私は住みたくない。
だから住んでいない。

日本は女性文化のうまし国であった。
女性がすべてにイニシアチブを発揮し、特に乱れの世界の美しい指導力を発揮して、一万年以上の歴史をつくってきた。

いわく、

笹葉《ささは》に　うつや霰《あられ》の　たしだしに　ゐ寝てむ後は　人は離《か》ゆとも
うるはしと　さ寝しさ寝てば　刈薦《かりこも》の　乱れば乱れ　さ寝しさ寝てば　古事記
(笹の葉に打ちかかる霰の音のたしだしのように、たしかに共寝をしたあとならば、あなたが離れていってもかまわない。いとしいと思って寝さえしたら、二人が離ればなれになってもかまわない。一緒に寝さえしたら。現代語訳・次田真幸)

いわく、

黒髪の　乱れも知らず　うち臥せば
まづかきやりし　人ぞ恋しき
和泉式部

いわく、

くろ髪の　千すぢの髪の　みだれ髪
かつおもひみだれ　おもひみだるる
与謝野晶子

吉井由吉の『山躁賦』という小説の一節には次のような文がある。

「前の夜の淫蕩の限りを尽くした女たちが、髪を濃くにおわせ……」

この濃く匂いの残る淫蕩の香りも、金髪やブルネットや、ましてや茶髪では、ただ不潔なだけなのである。みだらは毛ほども生まれない。

やはり日本女性の黒髪だからこそ（乱れ髪のひと筋ふた筋が、額にもつれるさまを含め）、どこかに楚々とした「みだら風情」が残るのであり、陰毛も黒くなければ、絶対にみだらは生まれないのである。

うら若き　越後生まれの　おいらんの

冷たき肌を　愛づる朝かな　　若山牧水

こんな美しい連想の「みだら」が他にあるだろうか。

こうした日本女性の生む母性は、高く評価され、「母屋」という言葉にも現われる。母屋を明け渡すと言えば、それは家の主導権を譲り渡して隠居することを意味していた。父屋とは言わなかったのである。また、「墓」のハは母のハで「母所」とも書いてハカと読んだ。父所ではないのだ。日本のみだらは、あの世まで統治していたのである。

アカデミックになるのは嫌と断わったが、最後にやはり本居宣長について書いておかなければならない。前に私は、日本の男性アナウンサーの女っぽい印象を書いたが、この視聴者の感情を忖度し、先どりするような女々しい感情過多は、日本人の本質であり、否定より肯定しなければならないものだということを念頭に置き、宣長の言ったことを反芻《はんすう》してみる。

彼はだいたい現代的に意訳すると、こう言っている。

人情というものは、はかなく、女子供のように初々しいものである。すべて男らしいと言われているような、正しさが表面に出て、威儀を正しているようなものは、全部人情とは呼べないものである。人間のもつ情とは、すべてはかなく、しどけなく、愚かなものだと知るべきである。歌というものも情に従って詠むものだから、やはりしどけなく、つたなく、はかなくあるべきなのである。――そして、この女々しいものこそ、日本文学、日本人の本質であり、風雅と呼ばれるものはそこにあり、その典型的な遺産が源氏物語であり、新古今集なのである。

「もののあはれ」の哲学は、ここから生まれた。

しどけないというのは、若くて分別のないという意味もあるが、やはり、乱れていることである。日本的感覚では、乱れるということは美である。能の舞い事にも乱れはあるし、歌舞伎の下《げ》座《ざ》音楽にもある。箏曲《そうきょく》で乱れといえば、乱輪舌《みだれりんぜつ》であり、生田流では十段の調である。

日本人は女々しいのだ。その女々しさこそ、われわれの誇るべき民族性であり、日本の文化である。そこから生まれるものすべては、日本人の豊饒な「情」の世界の表象であり、日本人以外、何人《なんぴと》ももちえない「みだら美」なのである。

書いていると、キリがない。

思いきって、ここで筆を擱《お》く。

「みだら」の構造

2000年10月25日　第1刷発行
2000年11月2日　第3刷発行

著 者　林　秀 彦
装丁者　芦 澤 泰 偉
発行者　加 瀬 昌 男
発行所　株式会社　草　思　社
〒151-0051　東京都渋谷区千駄ヶ谷2-33-8
電 話　営業03(3470)6565　編集03(3470)6566
振 替　00170-9-23552
印 刷　株式会社三陽社
カバー　株式会社大竹美術
製 本　大口製本印刷株式会社
Printed in Japan
ISBN 4-7942-1009-4
日本音楽著作権協会（出）許諾第0012056-001